T0045964

ÉXITO EN VENTAS

ÉXITO EN VENTAS

BRIAN TRACY

GRUPO NELSON
Una división de Thomas Nelson Publishers
Desde 1798

NASHVILLE   MÉXICO DF.   RÍO DE JANEIRO

© 2016 por Grupo Nelson®
Publicado en Nashville, Tennessee, Estados Unidos de América.
Grupo Nelson, Inc. es una subsidiaria que pertenece completamente
a Thomas Nelson, Inc.
Grupo Nelson es una marca registrada de Thomas Nelson, Inc.
www.gruponelson.com

Título en inglés: *Sales Success*
© 2015 por Brian Tracy
Publicado por AMACOM, una división de American Management Association,
International, Nueva York. Todos los derechos reservados.

Editora General: *Graciela Lelli*
Traducción y edición: *www.produccioneditorial.com*
Adaptación del diseño al español: *www.produccioneditorial.com*

ISBN: 978-0-71803-362-0

Impreso en Estados Unidos de América
23 24 25 26 27 LBC 9 8 7 6 5

CONTENIDO

Introducción

HE TRABAJADO en ventas desde los diez años, cuando empecé a vender jabón Rosamel para pagarme el campamento YMCA de ese verano. Desde entonces he estado estudiando, leyendo libros y tratando de aprender más acerca de las ventas porque quería tener éxito en ello, igual que tú.

Al inicio de mi carrera comencé a preguntarme: «¿Cómo es que algunos vendedores son más exitosos que otros?».

¿Por qué algunos vendedores ganan más dinero, más rápido y más fácilmente, y tienen más ventas? ¿Por qué gozan de mayor éxito, adquieren mejores beneficios materiales, tales como automóviles, casas y buenos trajes, y logran una mayor satisfacción en sus carreras, mientras que la gran mayoría de vendedores obtienen bajos resultados y un bajo desempeño?

El primer principio

Entonces descubrí la famosa regla del 80/20, conocida como el principio de Pareto. Esta regla dice que el ochenta por ciento de las ventas son realizadas por un veinte por ciento de los vendedores. Por lo tanto, esto significa que un veinte por ciento de las ventas son realizadas por un ochenta por ciento de los vendedores. Cuando aprendí este principio, tomé una decisión: haría todo lo que tuviera que hacer para entrar en ese veinte por ciento. Y lo hice.

Hace algunos años, una importante compañía de seguros con miles de agentes decidió poner a prueba la validez de la regla del 80/20 en sus ingresos y ventas. Así que la compañía pasó todas las ventas de sus agentes y los datos de ingresos por un ordenador y comprobó que esta regla era cierta. El veinte por ciento de los agentes generaba el ochenta por ciento del negocio. Los administradores de la compañía se preguntaron entonces qué significaba esto en términos de ingresos anuales. Descubrieron que el veinte por ciento de los agentes ganaban, de promedio, dieciséis veces más que lo que ganaba el ochenta por ciento inferior. ¿Significaba esto que los del veinte por ciento eran dieciséis veces mejores, más inteligentes o más competentes que los situados en el ochenta por ciento inferior?

La respuesta es obvia: nadie es dieciséis veces mejor o más inteligente que otra persona. Algunas personas son solo un poco mejor en ciertos aspectos, de manera coherente, a lo largo del tiempo.

El veinte por ciento de los del veinte por ciento

También analizaron el cuatro por ciento principal de sus agentes (el veinte por ciento de los del veinte por ciento) y compararon sus ingresos a los agentes del ochenta por ciento inferior en ventas e ingresos. Resultó que el cuatro por ciento de los agentes ganaban, de media, treinta y dos veces más que los que estaban en el ochenta por ciento inferior. Dando un paso más allá, compararon al 0.8 por ciento de los agentes (el veinte por ciento principal dentro de ese cuatro por ciento superior) y detectaron que este grupo de élite estaba logrando, de media, más de cincuenta veces los ingresos de la gente en el ochenta por ciento inferior.

En cada ciudad o gran oficina había una persona que estaba ganando por sí sola tanto (o más) como otros cincuenta adultos a tiempo completo vendiendo los mismos productos a las mismas personas y con los mismos precios, en las mismas condiciones de competencia y fuera de la misma oficina. Mientras que el vendedor medio, especialmente en el ámbito de las ventas a comisión, está ganando de treinta mil a cuarenta mil dólares al año, el 10 por ciento de ese ámbito ganan más de ochocientos mil dólares al año, y algunos de ellos ganan millones.

Toma una decisión

Debido a esta increíble disparidad de ventas e ingresos, el objetivo de cada vendedor en todos los estamentos debe ser unirse al veinte por ciento de la élite de esa industria. El veinte por ciento superior siempre vende bien y tiene un vida excepcional, sin importar las condiciones actuales del mercado. Siempre tienen empleo y siempre tienen demanda, y disfrutan de su trabajo al máximo.

¿Por qué hay tan enormes disparidades en el rendimiento de las ventas? En *Éxito de ventas* voy a compartir contigo algunas de las respuestas que he descubierto.

Desarrolla la ventaja decisiva

Uno de los descubrimientos más importantes del desarrollo humano en el siglo XX fue que los mejores de cada campo, incluido el campo de las ventas, eran solo un poco mejor que sus pares en ciertas áreas críticas.

Esta pequeña diferencia en el rendimiento recibe el nombre de «ventaja decisiva». Las mejores personas en cada campo han desarrollado las ventajas decisivas en esos campos y, como consecuencia, han logrado un extraordinario rendimiento y extraordinarios resultados.

Mi analogía favorita es la de una carrera de caballos. En una carrera de caballos, el caballo que entra en primer lugar, por un palmo, gana diez veces el dinero del premio del caballo que termina segundo, por un palmo. ¿Es el caballo que llega primero diez veces mejor o más rápido que el caballo que termina segundo? ¿Es el caballo ganador un diez por ciento más rápido que el caballo que pierde? La respuesta es no. El caballo que gana es solo un palmo más rápido. En la foto final, esto puede significar tan poco como ocho centímetros.

El vendedor que cierra la venta para su empresa obtiene el cien por cien del negocio y el cien por cien de la comisión. ¿El vendedor que cierra la venta es dos veces mejor que el vendedor que no la cierra? En todos los casos, las diferencias entre los más altos ejecutantes y los más bajos son muy pequeñas, límites marginales en destreza y habilidad.

La persona que gana doscientos cincuenta mil dólares al año en ventas no es diez veces más inteligente o mejor, o trabaja diez veces más duro que la persona que gana veinticinco mil, vendiendo el mismo producto.

La inteligencia no es la clave

En un estudio en Nueva York de hace unos años, los investigadores seleccionaron a mil adultos al azar y midieron su coeficiente intelectual. Encontraron que la diferencia entre la persona con el mayor coeficiente intelectual y la persona con el coeficiente intelectual más bajo era de dos veces y media. Pero la persona con mayores ganancias de este grupo —no necesariamente la persona con mayor coeficiente intelectual— ganaba cien veces más que la persona con menores ganancias de este grupo de estudio. La conclusión es simple: no es el talento en bruto o la habilidad lo que da cuenta de un gran éxito. Todo el mundo tiene talentos y habilidades de ventas naturales. Tu éxito viene determinado únicamente por lo que haces con esos talentos y habilidades originales.

El toque mágico

Los mejores vendedores han sido analizados ampliamente para saber cómo piensan y se comportan. Lo que se deduce de estos estudios es que los vendedores mejor pagados tienen la habilidad de trabar fácilmente relaciones amistosas con un gran número de diversos consumidores y clientes. Establecen una relación temprana y establecen altos niveles de confianza en el curso del proceso de venta. De hecho, los factores de personalidad probablemente representan el ochenta por ciento o más en el éxito de ventas.

La eficacia interpersonal se basa, más que en cualquier otro factor, en la imagen propia y en la autoestima del vendedor. Parece haber una relación directa entre la autoestima y el éxito de ventas. Los vendedores que se gustan y respetan a sí mismos tienden a querer y respetar a sus clientes. A su vez, sus clientes tienden a preferirles y respetarles, y están dispuestos a seguir sus recomendaciones de productos o servicios.

La sensación de victoria

Los psicólogos utilizan el término «autoestima basada en el desempeño» para explicar esta relación entre la autoestima y el rendimiento personal. La conclusión es simple: cuanto más te gustes a ti mismo, mejor harás tu trabajo; cuanto mejor hagas tu trabajo, más te gustarás a ti mismo. Una estima se alimenta de la otra. Cuanto mejor te encuentras, mejor eres. Cuanto más éxito tienes, más te sientes como un «ganador». Cuanto más disfrutes de la sensación de ganar, más duro trabajarás, más gente verás y mejores resultados de ventas obtendrás.

En las páginas que siguen te daré una serie de métodos, técnicas y estrategias específicas que puedes utilizar para mejorar radicalmente tu rendimiento. Esta mejora en tu rendimiento hará que de forma natural te gustes y te respetes a ti mismo aún más, lo que a su vez conducirá a niveles aún más altos de rendimiento. Entrarás en una espiral ascendente de éxito y de poder personal que te impulsará a la cima de tu mercado. Vamos a empezar.

UNO

Destaca en lo básico

CUANDO VINCE LOMBARDI fue contratado desde los Giants de Nueva York para entrenar a los Green Bay Packers de Wisconsin, el equipo llevaba funcionando mal desde hacía años.

Cuando le preguntaron qué iba a cambiar o hacer de forma diferente para devolver a su equipo a la pelea por el campeonato, dijo estas famosas palabras: «No vamos a probar nada sofisticado; solo vamos a ser el mejor equipo de la Liga Nacional de Fútbol Americano a la hora de patear, correr, pasar y capturar. Vamos a destacar en lo básico».

Continuó diciendo: «Vamos a ser tan fluidos y eficientes en cada partido que, aun sabiendo el otro equipo lo que estamos haciendo, no podrá detenernos».

Los vendedores de alto rendimiento son los que, en primer lugar, han identificado los conceptos básicos del éxito de ventas y, en segundo lugar, han destacado en esos fundamentos.

Los fundamentos del éxito en las ventas

Hay siete áreas de resultados clave que determinan la eficacia en las ventas. Otórgate una calificación de uno (bajo) a diez (alto) en cada una de estas siete áreas (enumeradas a continuación). Recuerda que una debilidad en cualquier área puede ser suficiente para frenarte en la realización de tu potencial en las ventas.

De hecho, tu habilidad clave más débil determina en gran medida la cima de tus ventas y el tamaño de tus ingresos. A veces, solo con mejorar en tu área de habilidad más débil puede conducirte a un aumento dramático de tus resultados de ventas.

Estas son las «siete grandes»:

1. *Captación*. Encuentra y pasa tiempo con más y mejores clientes potenciales.

2. *Construcción de relación y confianza*. Invierte tiempo en entender y empatizar con el cliente para gustarle, que confíe en ti y esté dispuesto a discutir sus necesidades y problemas contigo.

3. *Identificación de las necesidades*. Formula buenas preguntas y bien estructuradas para descubrir los verdaderos problemas, deseos y necesidades de tu cliente en relación con lo que vendes.

4. *Presentación*. Pasa de lo general a lo particular y muestra a tus clientes potenciales que tu producto o servicio es la mejor opción para ellos en este momento, considerando todos los factores.

5. *Respuesta a las objeciones*. Presenta respuestas lógicas y concluyentes ante las objeciones naturales que la mayoría de los clientes tienen con respecto al precio y las

capacidades de tu producto.

6. *Cierre de venta y petición de acción.* Lleva la conversación de ventas a una conclusión satisfactoria con una venta cerrada y un pedido o contrato firmado.

7. *Obtención de reventas y referencias.* Proporciona un excelente seguimiento de servicio al cliente de tal manera que el cliente quede tan contento que vuelva a comprar y recomiende tus productos/servicios a sus amigos.

Suma el total y divídelo entre siete para obtener tu coeficiente de eficacia de ventas actual. Si tu puntuación media es inferior a cinco, probablemente tus resultados de ventas sean poco satisfactorios. Y la zona donde has puntuado más bajo probablemente te esté apartando del éxito en las ventas más que cualquier otro factor.

Modelos de venta viejos y nuevos

Casi todos los mejores vendedores utilizan lo que yo llamo el «nuevo modelo de venta». Es muy diferente del viejo modelo, que todavía se enseña en muchas empresas y es ampliamente utilizado por muchos vendedores. Cada uno de los modelos, el nuevo y el viejo, tiene cuatro partes.

La primera parte del modelo viejo, aproximadamente un diez por ciento, se inicia con la aproximación: el primer contacto. El vendedor se encuentra con el cliente y dice algo así como: «Hola, ¿cómo estás?», antes de entrar en una pequeña charla sobre el último partido de fútbol o un programa de televisión. El vendedor se lanza entonces directamente a la conversación de ventas.

La segunda parte del viejo modelo implica calificar rápidamente la posibilidad de determinar si la persona está en condiciones de comprar tu producto o servicio. El personal de ventas ha sido instruido con el fin de hacer preguntas de evaluación supuestamente inteligentes para asegurarse de que el cliente puede usar y permitirse el producto antes de perder el tiempo con una presentación de ventas. La tercera parte del viejo modelo es presentar tu producto o servicio de la mejor manera posible mostrando a los clientes de qué se compone el producto y luego tratar que lo compren. Al vendedor se le ha enseñado a hablar tanto como pueda de los beneficios, y luego responder a las objeciones con una serie de preguntas y respuestas inteligentes.

La parte final del viejo modelo de ventas —el cuarenta por ciento del proceso de ventas— es cerrar la operación. La suposición general era que toda la eficacia en las ventas se reduce a la capacidad del vendedor para cerrar la venta usando una variedad de técnicas.

Nuevos clientes, nuevos métodos

En la actualidad, la vieja manera de vender no funciona en absoluto. Los clientes han cambiado por completo su conocimiento y sofisticación, y los vendedores exitosos, los que están en el veinte por ciento superior, han aprendido a vender a los clientes de la forma en que los clientes quieren que se les venda.

El nuevo modelo de venta es como una pirámide invertida, con la base de la pirámide en la parte superior y la punta en la parte inferior. La pirámide está dividida en cuatro partes. La primera parte, el cuarenta por ciento de la conversación de ventas, sirve simplemente para generar confianza. La confianza es el factor más importante a la hora de determinar la decisión de compra, y en todas las relaciones entre personas, para casi todas las razones.

La segunda parte del nuevo modelo, el treinta por ciento, es identificar las necesidades con precisión. Tómate un tiempo en hacer una serie de preguntas preparadas y estructuradas que te permitan comprender a fondo la situación del cliente, incluso antes de que menciones o negocies tu producto o servicio.

El siguiente veinte por ciento del nuevo modelo es que presentes tu producto o servicio en base a lo que ha dicho el cliente, y muestres a tu cliente cómo tu producto o servicio puede satisfacer las necesidades que han sido identificadas claramente en tu conversación con el cliente hasta este punto.

El diez por ciento final del nuevo modelo de venta es pedir al cliente que tome una decisión de compra, confirmar que lo que le estás ofreciendo es lo que el cliente necesita y quiere, y lograr que el cliente emprenda una acción hoy. Cuanto más tiempo dediques a construir confianza, más fácil es para ti realizar una presentación eficaz y cerrar o confirmar la venta final.

Relación de ventas

Este nuevo modelo se basa en lo que llamamos «relación de ventas». La clave para el éxito en las ventas hoy en día está en desarrollar relaciones de negocios profesionales de alta calidad con los clientes. Este modelo requiere construir un alto nivel de confianza y credibilidad, identificar las necesidades con cuidado y precisión, mostrar al cliente que tu producto o servicio va a satisfacer esas necesidades, y luego alentar a tus clientes a tomar medidas y concluir la transacción.

A lo largo de este libro, vamos a hablar de la relación de ventas. Volveremos continuamente a estos dos conceptos:

1) la importancia de construir relaciones creíbles, y 2) la importancia de destacar en lo básico. El punto de partida para perfeccionarte en tu campo y llegar a estar entre el veinte por ciento superior, o incluso el diez por ciento de los mejores de tu negocio, es identificar las habilidades clave necesarias para la excelencia en las ventas, y luego determinar lo que tienes que hacer para perfeccionar cada una de esas áreas.

EJERCICIOS PRÁCTICOS

1. Asígnate una calificación del uno al diez en cada una de las siete áreas de resultados clave, y determina dónde eres más fuerte y dónde más débil.

2. Selecciona un área de habilidad clave donde seas débil y empieza a trabajar cada día para mejorar en ese aspecto.

DOS

Permanece entusiasta

LA REGLA DEL 80/20 es aplicable a la venta exitosa. La mayor parte de tu éxito —concretamente el ochenta por ciento, y tal vez incluso más— irá determinada por tu actitud, tu personalidad y tu nivel de motivación.

Se ha dicho que la variable crítica de una conversación de ventas es la «transferencia de entusiasmo». La venta se lleva a cabo cuando transfieres tu entusiasmo y fe en la calidad y valor de tu producto o servicio a la mente del cliente. Al igual que una conexión eléctrica, cuando la chispa del entusiasmo pasa de ti a tu cliente, se consuma la venta.

El entusiasmo es la clave para establecer buenas relaciones con los compradores y cerrar las ventas. Tienes que ser entusiasta acerca de ti, tu producto y tu empresa para poder transferir entusiasmo a otra persona. Este entusiasmo es algo que desarrollas, al igual que la aptitud física. Nadie nace con él de forma natural.

Mantén tu energía alta

Existen varias técnicas que puedes emplear cada día para desarrollar y mantener unos altos niveles de entusiasmo y energía para vender.

Ten expectativas positivas

Este es uno de los más grandes motivadores de todos. Tus expectativas determinan tu actitud. Y tu actitud determina cómo tratarás a otras personas, y cómo ellas te responderán.

Desarrollas una actitud de expectativas positivas cuando siempre esperas hacerlo bien. Espera que cada persona con la que hables sea un cliente potencial. Confía en que caerás bien a la gente y estarán abiertos a tu presentación. Cree en ti mismo y en tu capacidad para ser un mejor individuo en tu campo.

Utiliza un diálogo interior positivo

Háblate a ti mismo de manera positiva todo el tiempo. El noventa y cinco por ciento de tus emociones están determinadas por la forma en que te hablas a ti mismo cotidianamente. Las personas exitosas tienen el hábito de llenar deliberadamente sus mentes con declaraciones positivas que sean coherentes con la forma en que quieren ser percibidas, y los objetivos que quieren alcanzar.

Los vendedores exitosos adoran su trabajo. Creen en su producto o servicio. Están comprometidos con sus empresas y clientes. Como resultado de ello, refuerzan continuamente estos compromisos en sus mentes y se resisten a las experiencias negativas repitiéndose: *¡Me encanta mi trabajo! ¡Me encanta mi trabajo! ¡Me encanta mi trabajo!*

Practica la visualización positiva

Alimenta tu mente continuamente con imágenes mentales claras acerca de la persona que quieres ser, haciendo lo que quieres hacer. «Lo que ves es lo que obtienes».

En el deporte, y en las ventas, la práctica regular del «ensayo mental» es una poderosa herramienta que puedes utilizar para mantenerte positivo y motivado, y trabajar a tu mejor nivel durante todo el día. En un ensayo mental, cierras los ojos y creas una imagen clara de ti mismo como la mejor persona que puedes ser, vendiendo con el mayor nivel de efectividad que puedes imaginar. Cada vez que reproduces esta imagen en tu mente, esta es aceptada como una orden por tu subconsciente. Cuando entres en la situación real de venta, tu mente subconsciente te dará una energía, entusiasmo y actitud positiva consistentes con tu imagen mental. Esta técnica puede ayudarte más que cualquier otra cosa para tener éxito.

Consume alimentos mentales positivos

Estarás de acuerdo con que si ingieres alimentos saludables y nutritivos, tendrás más energía y un mejor desempeño a lo largo del día. De la misma manera, cuando consumes alimentos mentales positivos —lo que llamamos proteína mental— piensas con mayor claridad y te sientes mejor contigo mismo todo el día.

Aquí hay tres cosas que puedes hacer para mejorar tu mente, sentirte mejor contigo mismo y unirte rápidamente al veinte por ciento superior del campo de las ventas:

1. *Lee de treinta a sesenta minutos cada* día. La lectura es a la mente lo que el ejercicio es al cuerpo. Compra los mejores libros de ventas que encuentres y, durante una hora

cada mañana, lee sobre las mejores metodologías de ventas, estrategias y técnicas que se hayan desarrollado. Lee publicaciones, artículos y revistas sobre ventas.

2. *Escucha cedés educativos y audiolibros.* En tu coche, utiliza tu móvil para escuchar y aprender a medida que conduces a las citas. Convierte tu coche en un «aula sobre ruedas». Como dijo Zig Ziglar, «Apúntate a la universidad del automóvil y asiste a tiempo completo durante el resto de tu carrera».

3. *Asiste a todos los seminarios que puedas.* Decídete hoy a asistir a cuatro seminarios cada año, o alrededor de uno cada tres meses. Siéntate en primera fila y toma buenas notas. Habla con el instructor o conferenciante y haz preguntas. Invierte tiempo en conocer a las otras personas que asisten y pregúntales qué es lo más importante de todo lo que han aprendido.

Cuando regreses a casa después de un seminario, revisa tus notas por completo; idealmente, una vez a la semana durante el primer mes. Piensa siempre en las acciones específicas que puedes emprender para poner en práctica las ideas que acabas de aprender. Haz del seminario una experiencia rica y gratificante para tu carrera profesional.

Rodéate de personas positivas

Las personas con las que te asocias tienen un efecto enorme en tu pensamiento y en tus emociones. Por esta razón, decide rodearte de ganadores. Asóciate con personas positivas que estén consiguiendo cosas en sus carreras. Como dijo Zig Ziglar: «No puedes volar con las águilas si continúas picoteando con los pavos».

Uno de mis estudiantes me contó cómo pasó de la parte inferior a la parte superior de su equipo de ventas. Cuando comenzó como vendedor de apoyo, pasaba el rato con los otros aprendices, que estaban la mayor parte de su tiempo en la oficina barajando sus tarjetas de visita y hablando de lo que iban a hacer.

Se dio cuenta de que los mejores vendedores rara vez estaban en la oficina, y cuando estaban, estaban ocupados haciendo llamadas y organizando presentaciones. Así que hizo algo que le cambió la vida. Se acercó a uno de los mejores vendedores y le pidió asesoramiento sobre la gestión de su tiempo.

El mejor vendedor, sorprendido por esta petición, porque era muy rara, le mostró cómo se organizaba el tiempo cada día. El aprendiz de vendedor hizo exactamente lo que hacía el mejor vendedor, y en una semana se dio cuenta de que su actividad de ventas y resultados estaban mejorando.

Luego comenzó a pedir consejo a los otros mejores vendedores sobre qué programas escuchar, qué leer, qué decir en una conversación de ventas, y así sucesivamente. En todos los casos, los mejores vendedores fueron útiles. No fue ninguna sorpresa que al cabo de seis meses él fuese también uno de los mejores vendedores. Ahora se estaba asociando con la élite de su empresa. Se reunían de forma regular para hablar de diferentes maneras de mejorar sus ventas. En cuestión de un año, fue uno de los mejores vendedores de su compañía, y nunca miró hacia atrás.

Conviértete en un experto en tu campo

Estudia tus productos y servicios con atención y lee los folletos de principio a fin. Infórmate tan bien sobre lo que vendes que puedas hacer una presentación de memoria en caso de perder todos tus materiales de venta.

Estudia tu negocio e industria. Estudia a tus competidores. Conoce los productos y servicios que venden, y en qué es diferente y superior lo que tú vendes. Cuanto más conozcas tus productos, servicios, competidores y el mercado en general, más confianza tendrás y más respetado serás por tus clientes.

Tómate en serio tu trabajo

Recuerda que, como vendedor profesional, eres miembro de una *profesión*. Cuando llegas la cima de tu ámbito, puedes ganar tanto o más que un médico, un dentista, un arquitecto o un ingeniero, personas con muchos años de estudios universitarios.

Los profesionales de élite en sus especialidades invierten mucho tiempo manteniéndose al día con lo que está pasando en sus industrias. Se toman su trabajo en serio. Deciden sobresalir, ser mejores que sus competidores. Quieren ser conocidos como las mejores personas en sus ámbitos. Por encima de todo, los profesionales se comprometen a hacer un trabajo excelente, y a mejorar continuamente, perfeccionándose y siendo cada vez mejores, cada día y cada semana. Así deberías hacerlo tú.

EJERCICIOS PRÁCTICOS

1. Comprométete hoy a incrementar tu desarrollo personal como una práctica permanente. Comienza a adquirir libros sobre ventas y planea leer un capítulo cada día, a partir de ahora, durante el resto de tu carrera de ventas.

2. Repite estas palabras: *¡Me gusto a mí mismo y me encanta mi trabajo!* Repite esta frase una y otra vez durante todo el día, a primera hora de la mañana, y cada vez que tengas una decepción o un revés.

Habilidades de gestión personal: el juego interior

PARA ENTRAR EN EL veinte por ciento superior de tu campo, y luego en el diez por ciento, el cinco por ciento, e incluso el uno por ciento —donde está el dinero— tienes que tener todo a tu favor. El mundo de las ventas de hoy, en cualquier campo, con cualquier producto o servicio, es más competitivo de lo que ha sido nunca, excepto para mañana y el día siguiente, y el día después de ese. Tu objetivo debe ser ganar esta competición.

Mi palabra favorita para describir el éxito es *claridad*. En mi opinión, la claridad representa el noventa y cinco por ciento de tu éxito y del logro en todo lo que intentas hacer, tanto en tu vida personal como en tu negocio.

La razón número uno por la que algunas personas son más exitosas que otras es porque son absolutamente claras acerca de lo que son, lo que quieren y lo que tienen que hacer exactamente para conseguirlo. La claridad requiere una enorme cantidad de pensar y replantear. Como dijo Thomas Edison: «El trabajo más difícil del mundo es pensar, y por eso la mayoría de la gente nunca lo hace».

Establece grandes metas para ti

Comienza por establecer objetivos de *ingresos* personales claros para ti mismo, de forma mensual y anual. ¿Cuánto quieres ganar cada mes? ¿Cuánto quieres ganar cada año? Estos son tus objetivos. Todo lo que hagas debe estar orientado a alcanzar o superar estos objetivos.

Una de mis estudiantes de ventas tenía un éxito razonable. No obstante, se fijó la meta de duplicar sus ingresos en los siguientes doce meses. A continuación, comenzó a explorar todas las cosas que podía hacer para vender y ganar el doble. Uno de sus amigos le sugirió que la forma más sencilla para ella sería doblar el tamaño de cada venta que estuviera haciendo.

Esa idea nunca se le había ocurrido. Ella comenzó a buscar a su alrededor para determinar qué tipo de clientes hacían compras más grandes que los clientes a los que había estado vendiendo hasta ese momento. Durante el siguiente año, reorientó todo su proceso de ventas de tal forma que vendió más y más a menudo, a clientes más grandes y mejores. Al final del año, su promedio de venta era el doble del que había sido a principios de año. Ella estaba trabajando el mismo número de horas y haciendo el mismo número de ventas, pero cada una era dos veces mayor a las ventas que había venido realizando antes.

Conoce tus ratios

Una vez que hayas determinado la cantidad que deseas vender y ganar, a continuación debes determinar las actividades de ventas exactas en las que tendrás que participar para lograr esa cantidad.

Aquí está el gran descubrimiento: el cuándo y el dónde de las ventas individuales está en gran medida fuera de tu control. Pero tus acciones sí están totalmente bajo tu control. La buena noticia es que, mediante el control de tus actividades de ventas, controlas indirectamente tus resultados de ventas.

Las tres actividades principales del éxito de ventas son: la captación de clientes, la presentación y el cierre.

Comienza por determinar con cuántos nuevos clientes tendrás que ponerte en contacto y hablar cada día y cada semana para lograr tus resultados de venta deseados. Una de las primeras acciones en las que te involucras como profesional de ventas es mantener un registro exacto de la cantidad de llamadas que haces cada día y cada semana.

Mira el número de presentaciones o reuniones cara a cara que has fijado como resultado de tu captación de clientes. Por ejemplo, digamos que tienes que llamar a veinte personas nuevas para conseguir cinco citas cara a cara. (Este no es un número inusual en un mercado competitivo).

La siguiente parte de la venta es hacer un seguimiento y cerrar la venta y hacer recapitulación: digamos que tienes que realizar veinte llamadas iniciales para conseguir cinco citas, y tienes que hacer cinco presentaciones para obtener dos posibles clientes a los que seguir. De estos dos clientes potenciales conseguirás una venta como promedio.

Ahora ya conoces tus *ratios*. Son 20:5:2:1. Tienes que hacer veinte llamadas de entrada para conseguir una venta al final.

Ahora, calcula el tamaño promedio de cada una de tus ventas y tu comisión personal media o los ingresos por cada venta. Con estos números obtienes objetivos claros a los que apuntar.

Tu estrategia de cara al futuro es, en primer lugar, mantener tu embudo lleno. Asegúrate de que continuamente alimentas tu «sistema de ventas» con un flujo constante de nuevos clientes potenciales. En segundo lugar, prepárate para mejorar en cada una de las áreas críticas de la captación de clientes, la presentación y el cierre de la venta. Aspira a mejores clientes y organízate con ellos más rápido. Haz presentaciones mejores y más eficaces. Persigue y cierra más ventas. Mejora tus ratios en cada área.

Establece tus prioridades

La esencia de la gestión personal se reduce a tu capacidad para establecer prioridades y atenerte a ellas. Usa la regla del 80/20. Recuerda que el ochenta por ciento de tus resultados provienen del veinte por ciento de tus actividades. Permanece centrado en el uso más valioso de tu tiempo.

Si la *claridad* es la primera palabra del éxito personal, entonces el *enfoque* es la segunda palabra. Toma la decisión de orientarte a los resultados en lugar de la actividad. Céntrate en los resultados que deseas lograr y, dentro de ellos, en los resultados más importantes.

Desarrolla un sentido de urgencia y una inclinación a la acción. El sentido de urgencia es una de las cualidades más raras en los negocios, o en cualquier campo. Cada vendedor superior tiene sentido de urgencia. Muévete velozmente cada vez que tengas una idea o veas una oportunidad. A veces unos minutos marcan toda la diferencia entre una venta importante y nada en absoluto.

Sigue preguntando: «¿Por qué estoy en nómina?».

Lo cierto es que estás en nómina para hacer ventas. Tu trabajo consiste en captar clientes, presentar y cerrar. Estás para obtener resultados de ventas, mañana, tarde y noche. Continúa haciéndote la pregunta mágica: «¿Lo que estoy haciendo en este momento me lleva a una venta?».

Si lo que estás haciendo en este momento no está conduciéndote a una venta, deja de hacerlo de inmediato y empieza a hacer cosas que den resultados en lugar de solo relajar tensión. Tú eres el presidente de tu propia Empresa de Ventas Profesionales.

Estás a cargo de tu propia carrera. Eres el responsable de todo lo que eres y de todo lo que logras. Evita la trampa del perfil de bajo rendimiento de quien habla mucho pero en realidad hace poco.

EJERCICIOS PRÁCTICOS

1. Decide hoy mantener un registro exacto de tus actividades de ventas. ¿Cuántas llamadas haces cada día? ¿Con cuántos clientes te reúnes cada día? ¿Cuántas ventas haces cada día o a la semana? ¿Cuánto ganas por cada venta?

2. Establece prioridades en tu trabajo, y pregúntate siempre: «¿Cuál es el uso más valioso de mi tiempo para este momento?».

CUATRO

Habilidades de gestión personal: el juego exterior

EXISTEN UNA SERIE de hábitos, rituales y actividades practicadas por los vendedores mejor pagados de todos los campos. Una de las reglas más importantes para la vida es que, si haces lo que las personas más exitosas hacen, pronto podrás disfrutar de los resultados y beneficios que las personas más exitosas obtienen.

En todos los campos, las habilidades básicas para el éxito comienzan con el aprendizaje y la práctica de lo que las personas superiores en ese campo hacen. Este consejo se aplica a deportes, música, entretenimiento y especialmente a las ventas y los negocios. Una vez que hayas dominado los fundamentos y logres altos niveles de éxito personal y financiero, podrás entonces comenzar a improvisar y desarrollar tus propios métodos y técnicas. Pero primero aprende y haz lo que los mejores hagan.

Levántate temprano

El primer hábito que debes desarrollar es levantarte y ponerte en marcha cuanto antes. Un estudio reciente sobre los estadounidenses mejor pagados muestra que, con pocas excepciones, se levantan antes de las seis de la mañana. Desarrollan ciertos rituales que siguen cada día, como hacer ejercicio, meditar, leer algo educativo o de inspiración, vestirse para verse bien, planificar su día sobre el papel y ponerse en marcha a una hora temprana.

Una buena disciplina es que intentes tener tu primera reunión a las 8:00 a.m. o antes. Muchos vendedores de élite invitan a un cliente potencial ocupado a reunirse para desayunar en un restaurante o cafetería cerca de la oficina del cliente. Dado que muy pocas personas son invitadas a desayunar, la mayoría de la gente aceptará la invitación. Esos sesenta minutos juntos por la mañana suelen sentar las bases para una relación comercial a largo plazo.

¿Cuánto tiempo trabajas?

Según diferentes estudios que se remontan a 1928, el vendedor promedio trabaja solo unos noventa minutos al día. El resto del tiempo se dedica al calentamiento, la preparación, charlar con los compañeros de trabajo, revisar el correo electrónico, leer el periódico, tomar café y otras numerosas cosas. Pero al final del día, el vendedor promedio solo ha pasado noventa minutos trabajando.

Aumenta tu «tiempo presencial»

Solo trabajas cuando te encuentras cara a cara con el cliente potencial. A esto lo llamamos «tiempo presencial». Solo cuando estás cara a cara con un cliente potencial tienes la oportunidad de hacer una venta. Y puesto que tu trabajo consiste en hacer ventas, cuando no estás en contacto directo con los clientes, no estás trabajando.

¿Quieres duplicar tus ingresos? Es sencillo. Dobla la cantidad de minutos que pasas cara a cara con los clientes actuales y potenciales. Usa tus habilidades de gestión del tiempo y organización personal para pasar más y más tiempo presencial con gente que pueda comprar. Si duplicas la cantidad de tiempo que pasas cara a cara con clientes actuales y potenciales, por la ley de los promedios, duplicarás tus ventas y doblarás tus ingresos.

Vende más cosas

A veces, pregunto a mi audiencia: «¿Por qué te levantas por la mañana?».

Después de un poco de reflexión y de darle vueltas, finalmente coinciden en que la razón por la que se levantan por la mañana y van a trabajar es para hacer dinero.

Yo lo llamo «Teoría GMD de la actividad de ventas». La razón por la que te levantas de la cama y vas a trabajar por la mañana es que puedas ganar más dinero (GMD).

¿Y cómo haces más dinero en el mundo de las ventas o de los negocios? La respuesta es vendiendo más cosas (VMC).

Tu trabajo consiste en «ganar más dinero» «vendiendo más cosas». Según esta definición, solo trabajas cuando estás vendiendo más cosas. ¿Y cuáles son los tres ingredientes de vender más cosas? Con «la captación de clientes, la presentación y el cierre de la venta».

Por lo tanto, según tu propia definición, solo trabajas cuando estás captando clientes, presentando y cerrando ventas. Solo estás trabajando cuando estás cara a cara con la gente que puede y va a comprar y pagar en un plazo de tiempo razonable. Cualquier otra cosa que puedas hacer durante el día es una pérdida relativa de tiempo. Haz tan poco de ello como sea posible.

Aprovecha cada minuto

Aprovecha cada minuto. La élite de todos los ámbitos, incluyendo el de las ventas, piensan en su tiempo en términos de minutos en lugar de horas o medias horas. La gente infructuosa que genera bajos ingresos piensa en su tiempo en términos de horas o días, o incluso semanas.

Aprovecha cada minuto, especialmente durante el «tiempo externo de máxima audiencia», cuando los clientes están disponibles. Asigna el tiempo en bloques de diez minutos. Cuando tomes el control de tus minutos, tus horas se harán cargo de sí mismas.

Concentra tus energías

Si la primera palabra para el éxito en las ventas es *claridad*, y la segunda palabra es *enfoque*, la tercera palabra para el éxito es *concentración*. Sé absolutamente claro acerca de lo que estás tratando de hacer, céntrate intensamente en esa única cosa, y concéntrate con decisión en ello hasta que haya sido completado. Con estas tres cualidades desarrolladas como hábitos, lograrás más en el próximo año de lo que muchas personas logran en cinco o diez años.

Resiste las distracciones

Hoy día, la mayoría de las personas sufren la «atracción de la distracción». Están tan preocupados con sus teléfonos inteligentes, tabletas, mensajes de correo electrónico y llamadas telefónicas que están continuamente distraídos de hacer el trabajo duro y constante de la captación de clientes, la presentación y el cierre. Están constantemente siendo expulsados de su tarea por las redes sociales y otras interrupciones.

Hay una fórmula simple para el éxito en el mundo actual de la alta tecnología: *deja las cosas a un lado*. O, mejor aún, apaga las cosas. Pon tu teléfono en modo silencioso. No consultes tu correo electrónico por la mañana. A continuación, compruébalo solo dos veces al día. No permitas que la tecnología tome el control de tu vida y arruine tu futuro. Úsala, utilízala como una herramienta de comunicación, y luego desconecta y apártala.

Haz un esfuerzo adicional

Decídete a hacer un esfuerzo adicional, todos los días. Siempre haz más de lo que se espera de ti. Supera incluso tus propias expectativas. Decídete a trabajar más duro de lo que lo hace tu competencia, tanto dentro como fuera de tu empresa. Nunca hay aglomeración en el esfuerzo adicional.

Haz el «segundo esfuerzo», aun cuando la venta parece perdida. Parafraseando a Vince Lombardi una vez más, cuando estés cansado y desanimado al final del día, haz el segundo esfuerzo e inténtalo una vez más. Muy a menudo, hacer un último intento, una llamada más o una pregunta más es lo que da un vuelco a toda la situación de ventas.

Aprendí cuando era un joven vendedor que las mejores ventas siempre se hacen al final del día más largo, al final de la calle más larga, con la última persona a la que llamas.

He descubierto que esto es cierto, una y otra vez.

Cuida tu salud

Una parte importante del juego exterior del éxito es vigilar con cuidado tu salud. Come alimentos adecuados: aquellos que te dan fuerza y energía. Evita los tres venenos blancos: sal, azúcar y productos de harina blanca. Estas tres sustancias te roban la energía y disminuyen tu entusiasmo y tu capacidad para vender con eficacia. En cambio, come alimentos ricos en proteínas que nutren tus músculos y tu cerebro y te permiten rendir a un alto nivel.

Cuida el aspecto

Ten especial cuidado de tu apariencia. Asegúrate de que te ves excelente por fuera, como un ganador en todos los aspectos. El noventa y cinco por ciento de la primera impresión que dejas en otras personas irá determinado por tu ropa, ya que incluso en un día caluroso la ropa cubre el noventa y cinco por ciento de tu cuerpo. Tu cara, el pelo y el aseo son de enorme importancia en la proyección de una imagen de confianza y credibilidad. Mira a la gente mejor pagada en tu industria y luego vístete y acicálate del modo que lo hacen.

Mantente en buena forma física

Necesitas alrededor de doscientos minutos de ejercicio por semana para estar esbelto, en forma y saludable. Esto no significa que tengas que entrenar para los Juegos Olímpicos. Simplemente significa que des un paseo durante media hora cada día o practiques algo más potente.

El mejor momento para hacer ejercicio es a primera hora de la mañana, justo después de levantarte, de treinta a sesenta minutos. Cuando haces ejercicio por la mañana, bombeas sangre oxigenada a tu cerebro, lo que te mantiene más alerta y creativo durante todo el día.

Otro factor importante en el éxito de ventas es tu nivel de energía. Para hablar en público, tu nivel de energía es quizás el ingrediente más importante para el éxito, y en la venta pasa igual.

Descansa mucho

La regla va así: si vas a trabajar cinco días a la semana, ve a la cama *temprano* cinco días a la semana. Necesitas de siete a ocho horas de sueño cada noche, y tal vez más si quieres estar totalmente descansado y ser capaz de hacer llamadas de ventas de alta calidad durante todo el día.

EJERCICIOS PRÁCTICOS

1. Decide hoy aprovechar cada minuto. Calcula tu tarifa por hora y luego disciplínate para hacer solo aquellas cosas por las que te pagan la cantidad de dinero que quieres ganar.

2. Selecciona un hábito de los sugeridos en este capítulo que te pueda ayudar para ser más eficaz en tu profesión de ventas. Comienza a desarrollar ese hábito hoy y sigue practicando durante veintiún días hasta que quede interiorizado y se convierta en algo automático y sencillo.

CINCO

Desarrolla un conocimiento excelente del producto

TU NIVEL DE conocimiento del producto es la base de la credibilidad, la confianza y la competencia en las ventas. Sin un conocimiento amplio y detallado sobre lo que estás vendiendo, el éxito de ventas es imposible. Los mejores vendedores conocen sus productos y servicios por dentro y por fuera, y pueden describirlos en detalle incluso sin sus manuales de ventas o folletos.

Asegúrate de que nadie pueda hacerte una pregunta acerca de tu producto o servicio que no puedas contestar clara y persuasivamente.

Cuando es obvio que eres un experto en tu producto y en cómo tu producto puede ayudar a tus clientes a mejorar su vida o su trabajo, cuando puedes responder con claridad y completamente cualquier pregunta o preocupación que el cliente pueda tener acerca de lo que estás ofreciendo, y cuando es evidente que tienes una profunda convicción sobre la calidad y el valor de lo que vendes, tu credibilidad sube.

Conoce a tu cliente

Una vez que conozcas tu producto por dentro y por fuera, el siguiente paso en el conocimiento del producto es conocer a tu cliente. En vez de tratar de llamar o vender a todo el mundo, en su lugar debes pensar detenidamente cuál es el mejor cliente potencial de lo que vendes.

Hay tres tipos de información que debes tener claros antes de empezar a vender:

1. *Demografía*. Describe a tu cliente ideal o perfecto. Cuál es su edad, educación, ocupación, estado de formación de la familia y experiencia previa con tu producto o servicio. Estas son las preguntas fundamentales para los más de ocho mil millones de dólares que se gastan en estudios de mercado, cada año, en Estados Unidos. Para que llegues a la cima de tu campo en ventas e ingresos, debes tener claras las cualidades descriptivas o demográficas de tus clientes antes de entrar en materia. Esto hace que sea mucho más fácil que puedas distinguir a los clientes calificados y a los no calificados desde el inicio de la conversación.

2. *Psicografía*. Esta zona es quizás el área de avance más importante para las ventas de hoy. Se refiere a lo que está pasando dentro de la mente de tu cliente potencial. ¿Cuáles son los miedos, esperanzas, deseos y ambiciones de tus clientes? ¿Qué problema soluciona tu producto? ¿Qué necesidad satisface tu producto? ¿Qué objetivo le ayudará a lograr tu producto? Tal vez la mejor pregunta de todas sea: «¿Qué problema o dolor tienen tus clientes que paguen para que se lo quites?».

3. *Etnografía.* Esta es una área nueva del éxito de ventas, y se perfila como una de las más poderosas. Se refiere a cómo y cuándo tus clientes utilizan tu producto o servicio. ¿Qué papel tiene tu producto o servicio en la vida o trabajo de tu cliente? Al mostrar a los clientes que tu producto o servicio se ajusta cómodamente a su estilo de vida habitual, lo haces mucho más atractivo y más fácil de adquirir.

Identifica a tu competidor

Otra parte del conocimiento del producto es plantearte y contestar a esta pregunta: «¿Quién es tu competidor?».

¿Quién vende un producto o servicio que compite con el tuyo? ¿Quiénes son tus principales competidores y quiénes son tus competidores secundarios?

Recuerda, cada cliente tiene solo una cierta cantidad de dinero. Cada oferta de venta es un intento de capturar esa cantidad de dinero por parte del cliente. Por lo tanto, todos los gastos alternativos de esta cantidad limitada de dinero por parte de tu cliente es una forma de competencia. En el resultado final, el cliente decide gastar sus limitados fondos exactamente en ese producto o servicio que es más importante y deseable para él que cualquier otro producto o servicio similar o competidor en ese momento. ¿Cómo puedes ofrecer y posicionar tu producto o servicio como la mejor opción en este momento, teniendo esto en cuenta?

La perspectiva de tu cliente

Al pensar acerca de tus competidores, la siguiente pregunta es: «¿Por qué tu cliente o cliente potencial compra a tu competidor?». ¿Cuáles son las ventajas que tu cliente potencial percibe en la compra a tu competidor? ¿Cómo podrías compensar esas ventajas o beneficios percibidos?

¿Cómo podrías posicionar tu producto o servicio como la mejor opción frente al producto o servicio ofrecido por tus competidores?

Muchos vendedores han tenido un éxito extraordinario planteando y respondiendo a estas preguntas una y otra vez, y luego usando esta información para identificar a nuevos clientes y neutralizar los deseos de compra de los clientes que actualmente están acudiendo a sus competidores.

EJERCICIOS PRÁCTICOS

1. ¿Cuáles son los tres beneficios, resultados o incentivos más importantes que un cliente disfrutará por la compra y el uso de tu producto o servicio?

2. ¿Cuáles son las tres cualidades o características más importantes de ese cliente ideal para lo que estás vendiendo?

SEIS

Analiza a tu competencia

EL ESTRATEGA MILITAR chino Sun Tzu, en su libro *El arte de la guerra*, dijo: «El general que se conozca a sí mismo pero no a su enemigo ganará en alguna ocasión. El general que conozca a su enemigo pero no a sí mismo obtendrá algunas victorias. El general que no se conozca a sí mismo ni a su enemigo perderá todas las batallas, mientras que el general que se conozca a sí mismo y conozca a su enemigo prevalecerá en cien batallas».

Tus competidores tienen una estrategia simple. Se despiertan cada mañana pensando en cómo pueden quitarte del negocio a ti y a cualquier otra empresa que ofrezca productos y servicios similares. Piensan continuamente en cómo pueden quitarte a tus clientes y atraerlos. Piensan, hablan, planifican y elaboran estrategias con regularidad para ofrecer mejores productos y servicios que tú, más rápidos, más fáciles y más convenientes. Están dispuestos a igualar cada oferta tuya, rebajar sus precios e incluso perder dinero si es necesario para convencer a tu cliente por primera vez. Para tener éxito en contra de tales competidores, debes pensar de la misma manera y tomar las mismas acciones.

Realiza un análisis DAFO sobre tus competidores. DAFO significa debilidades, amenazas, fortalezas y oportunidades. Al igual que un abogado prepara el caso desde el punto de vista de su oponente antes de preparar su propio caso, tú debes preparar tu estrategia de mercado estudiando cuidadosamente a tus competidores.

Igual que un general al mando de un ejército aparta una cantidad enorme de tiempo para estudiar la disposición del enemigo antes de desarrollar su propia estrategia, tú deberías hacer lo mismo.

¿De qué manera es tu competencia superior a ti? ¿Qué está haciendo para llamar la atención de tus clientes potenciales? ¿Por qué tus clientes potenciales optan por comprar a tu competidor en lugar de a ti? Y, ¿cómo podrías contrarrestar estas ventajas?

Determina sus fortalezas y debilidades

¿Cuáles son los puntos fuertes de tus competidores? ¿Por qué tu competidor lo está haciendo bien en este mercado tan difícil? ¿Qué es lo que ofrece, y cómo lo ofrece? ¿Qué está haciendo bien?

Aquí hay una importante lección de vida: admira siempre a tus competidores exitosos. Cuando admiras a competidores exitosos, y los respetas por las cosas inteligentes que hacen para atraer y mantener a los clientes, eres mucho más propenso a aprender y mejorar tus propios procesos de negocio, de manera que puedas llevar tu negocio a un nivel aún más alto que antes.

Mucha gente de empresas, y muchos vendedores, tienen la costumbre de criticar o menospreciar a sus competidores exitosos. Como resultado, nunca aprenden de las cosas inteligentes que sus competidores están haciendo para llegar a ser tan exitosos. Pero cuando admiras a tus competidores exitosos y buscas maneras de aprender de ellos, avanzas mucho más rápidamente en tu campo.

Después, considera sus debilidades. ¿Dónde tu competidor es inferior a ti? ¿Por qué tus clientes te compran a ti antes que a tus competidores?

Haz tu propia investigación

Aquí va una sencilla técnica de estudio de mercado con una pregunta compuesta que puedes utilizar mañana por la mañana. En primer lugar, vuelve a llamar a tus últimos diez clientes, los que te compraron a ti, y diles: «Solo quería llamarte y darte las gracias por tu decisión de comprarnos. Lo apreciamos mucho. Estamos haciendo una investigación de mercado aquí en la empresa y me preguntaba si podrías responder a una pregunta. La pregunta es: ¿cuál fue la *razón principal* por la que decidiste comprarnos a nosotros en lugar de comprar a uno de nuestros competidores?».

Te sorprenderá descubrir que ocho de cada diez clientes te compraron por la misma razón. A menudo te sorprenderá todavía más descubrir que no conocías esta razón cuando hiciste la venta. La mayoría de los vendedores en la mayoría de las empresas no son realmente conscientes de por qué sus clientes decidieron comprarles a ellos en primer lugar y no a otra persona.

Con la información obtenida de esta sencilla encuesta de diez clientes, serás capaz de concentrarte en la principal razón por la cual la gente está comprando. A continuación, puedes incorporar esta información a tu proceso de ventas y a toda tu publicidad y promoción.

Llama a tus no clientes

En segundo lugar, llama a tus diez anteriores no clientes, aquellos clientes potenciales que decidieron comprar a tu competidor en lugar de a ti. Diles estas palabras: «Hola, soy Paco el Vendedor. Solo quería llamarte y darte las gracias por considerar la compra de nuestro producto o servicio. Respeto mucho tu decisión de comprar a otra persona. Tenía la esperanza de que pudieras darme algunas ideas sobre las ventajas y desventajas que percibes en nuestro producto. Dime, ¿cuál fue la razón principal por la que elegiste comprar a la competencia en lugar de nosotros?».

A continuación, mantente en absoluto silencio. Casi invariablemente, los clientes te darán la única razón por la que decidieron comprar en otro lugar. Cualquiera que sea su respuesta, dales las gracias de nuevo por su tiempo y diles que esperas tener la oportunidad de hacer negocios con ellos en el futuro.

A menudo te asombrarás de la respuesta. Si hubieras sabido de antemano cuál fue la principal motivación de compra del cliente, probablemente podrías haber replicado con una oferta o beneficio diferente. Pero debido a que no lo sabías, el cliente se fue a otro lugar.

¿Qué pasa *contigo*?

Ahora analiza tus propias fortalezas y debilidades. ¿Cuáles son los elementos más fuertes de tu producto o servicio en relación a los deseos y necesidades más profundas de tus clientes? ¿Dónde obtienes el mayor número de elogios de tus clientes en tus productos o servicios? ¿Qué hace que tus clientes estén más contentos cuando compran y utilizan tus productos o servicios? Debes ser muy claro en las respuestas a estas preguntas.

¿Dónde tiene debilidad tu producto o servicio en comparación con tus competidores? ¿Qué es lo que necesitas cambiar o mejorar con el fin de compensar esta debilidad? ¿Qué puedes hacer inmediatamente para compensar esta debilidad para que ya no sea un obstáculo para que un cliente te compre a ti en vez de a otra persona?

Toda buena estrategia de mercadotecnia está dirigida a identificar dónde es superior tu competidor y la adopción de medidas para compensar esa fortaleza, y mientras tanto identificar dónde tu competidor es débil y la explotación de esa debilidad.

EJERCICIOS PRÁCTICOS

1. ¿Quién es tu competidor más exitoso? Enumera tres ventajas o beneficios que tu competidor ofrece a tus clientes y tú no ofreces en estos momentos.

2. ¿Cuáles son los tres puntos más fuertes de tu producto o servicio, y cómo podrías transmitir estos beneficios con mayor claridad a tus clientes potenciales?

SIETE

Desarrolla una ventaja competitiva

EL FACTOR MÁS importante de la venta exitosa es el desarrollo de una *ventaja competitiva*. Para que puedas vender con éxito, los clientes deben estar convencidos de que lo que les ofreces es superior y más deseable que las ofertas de tus competidores. La diferenciación es la clave del éxito de ventas.

¿Cuál es tu ventaja competitiva a día de hoy? ¿Qué hace a tu producto superior a cualquier otro producto similar en la mente de tu cliente?

Tu área de excelencia

¿Cuál es tu área de excelencia? ¿Qué tiene tu producto u oferta de servicios que lo convierte en la opción más conveniente para un cliente, considerando todo lo demás? ¿Cuál es el principal beneficio de la compra y el uso de tu producto o servicio que hace que sea una mejor opción que la de cualquiera de tus competidores?

La ventaja competitiva que ofrece tu producto o servicio, o tu empresa, es el centro de todos tus esfuerzos de mercadotecnia y ventas. Es la razón por la que sobrevives y prosperas en un mercado competitivo. Es la clave de tu éxito. Como dijo Peter Drucker: «Si no tienes una ventaja competitiva, debes acudir de inmediato a trabajar para desarrollar una».

Si no estás seguro, o si el producto no tiene una ventaja competitiva, pregúntate: ¿cuál podría ser? ¿Cuál debería ser, si quieres tener éxito a largo plazo?

Valor añadido único

Michael Porter, experto de Harvard en la ventaja competitiva, dice que debes tener un «valor añadido único» para tus clientes.

No es necesario que seas superior a todos tus competidores. Solo es necesario que ofrezcas algo especial, diferente y más valioso para los clientes específicos a los que has decidido servir.

¿Con qué clientes marcas la diferencia en cuanto a la ventaja competitiva? Casi cada producto o servicio tiene ciertas ventajas que lo convierten en la mejor opción para ciertos clientes. Digamos que vendes Cadillacs. Los Cadillacs tienen una ventaja competitiva, ya que son coches de lujo con una imagen de reputación y calidad. Pero tienes que preguntarte: «¿Con qué clientes esta ventaja competitiva es importante?».

Las cualidades deseables de un Cadillac lo harían más atractivo para la gente que puede permitirse comprar y conducir coches de lujo. Tu mercado no es la gente que conduce Ford, Chevrolet o Subaru. Tu mercado es el cliente de gama alta con ingresos discrecionales.

Por lo tanto, ¿qué valor añadido único tiene un Cadillac que lo convierte en una opción superior a un BMW, un Audi o un Mercedes-Benz?

Para liderar con seguridad tu campo dentro de un mercado competitivo, tu producto debe ser diferente y superior al menos de cuatro maneras:

1. *Tu producto podría ofrecer una mejor calidad.* Pero la calidad viene definida por tu cliente. ¿Cómo define la calidad tu cliente?

2. *Tu producto podría funcionar más rápido y obtener mejores resultados.* ¿Mediante qué método tu producto o servicio obtiene resultados más rápidos que la oferta de tu competidor? ¿Por qué es eso significativo, en términos financieros o personales, para tu cliente? ¿Qué diferencia marca en la vida o en el trabajo de tu cliente que tu producto o servicio proporcione resultados o beneficios más rápido que tus competidores?

3. *Tu producto podría ser más barato.* Podría ser más barato que el producto de tu competidor en términos del coste de la compra. Podría ser más barato en términos del coste a largo plazo de poseer el producto. Si es más barato, ¿qué significa esto para tu cliente y por qué es una ventaja para el cliente comprarte a un precio más bajo que comprar a tu competidor a un precio más alto?

4. *Tu producto podría ser más fácil o más conveniente.* Los clientes son perezosos en cuanto a que siempre prefieren un producto o un servicio que sea más fácil de

usar que uno que sea más difícil. ¿De qué manera es tu producto o servicio más fácil de usar? ¿Por qué es más fácil? ¿Cómo es más fácil? ¿Qué diferencia aporta a la vida o el trabajo de tu cliente? Si todo el éxito de ventas gira en torno a tu capacidad de diferenciar tu producto o servicio de los de tus competidores, y para asegurarte de parecer ser una opción más deseable, ¿quiénes son tus competidores?

Maximiza tus fortalezas

Todo el éxito de ventas gira en torno a tu capacidad de diferenciar tu producto o servicio de los de tus competidores, y en asegurarte de que pareces una opción más deseable. ¿Quiénes, entonces, son tus competidores? ¿Por qué tus clientes te compran a ti en lugar de a tus competidores? ¿Qué ventajas ven? ¿De qué manera sienten que el producto o servicio de tu competidor es superior al tuyo?

Sobre todo, con toda sinceridad, ¿de qué manera son mejores los productos/servicios de tu competidor? ¿Cómo puedes contrarrestar las ventajas que tus competidores tienen, o las ventajas que tus clientes perciben que ellos tienen? ¿Qué podrías decir o hacer para presentar tu producto o servicio de manera tal que maximices tus fortalezas y hagas hincapié en las debilidades y vulnerabilidades de tu competencia?

En muchos casos, los productos y servicios son similares. Piensa en los restaurantes que ofrecen el mismo tipo de comida. En este caso, la forma de diferenciarte es ofreciendo un mejor servicio al cliente, más cálido y más amable. En muchos casos, especialmente cuando un producto o servicio es percibido como una mercancía que está disponible en todas partes, la calidad del servicio al cliente es la ventaja competitiva que te da primacía en la mente del cliente.

A veces, todo lo que necesitas para ganarte al cliente es ser superior en una área específica que el cliente considere importante.

He aquí un ejercicio: en la parte posterior de tu tarjeta de visita, escribe una razón de diez a quince palabras por la cual un cliente escéptico y bien informado te compraría a ti en lugar de a otra persona.

Si no puedes escribir tu ventaja competitiva en el reverso de una tarjeta de visita, es muy posible que no sepas cuál es, o no seas capaz de articular esa ventaja competitiva en una situación de venta.

EJERCICIOS PRÁCTICOS

1. Enumera dos razones por las que tu producto o servicio es superior al de cualquiera de tus competidores.

2. Enumera dos resultados, beneficios o mejoras que tu cliente va a disfrutar cuando compre tu producto, en lugar de comprar un producto similar de la competencia.

OCHO

Desarrolla una estrategia efectiva de ventas

UNA DE LAS características de los mejores vendedores es que piensan a largo plazo. En lugar de reaccionar y responder a lo que está pasando a su alrededor cada día, se toman un tiempo para dar un paso atrás y mirar su mercado desde el punto de vista de un general que examina el campo de batalla.

Los vendedores de élite, en primer lugar, se familiarizan totalmente con su producto o servicio, y con lo que puede hacer mejor que cualquier otro producto o servicio competitivo para cambiar o mejorar la vida o el trabajo del cliente.

A continuación los grandes vendedores estudian el mercado para desarrollar la mayor claridad posible sobre exactamente aquellos clientes que serían más propensos a comprar, usar y disfrutar de lo que ellos están vendiendo.

Cuatro pilares de la estrategia de venta

Hay cuatro conceptos clave en una estrategia de venta exitosa:

1. *Especialización*. Es posible que tengas muchos productos o servicios, y diferentes tamaños, formas e ingredientes para los artículos que vendes. Para tener éxito, es esencial que te especialices y vendas solo uno o unos pocos productos o servicios de gama superior. No puedes venderlo todo, por lo tanto necesitas sobresalir en la venta de unas pocas cosas. ¿En qué productos o servicios deberías centrarte?

Es cierto que el mundo que te rodea está lleno de clientes potenciales, pero no todos ellos son *tus* clientes potenciales. Tu segunda área de especialización, por tanto, tiene que ver con el tipo de clientes a los que vas a vender. Siempre te será más cómodo vender a la gente que es más parecida a ti. Serán similares a ti en educación, formación, experiencia, visión del mundo, incluso en el estilo de vida y la vestimenta. Tu cliente ideal es alguien con quien tú te sentirás naturalmente cómodo, y quien a su vez se sentirá cómodo contigo.

También puedes especializarte en una área geográfica determinada. Uno de los mejores vendedores que he conocido cambió de vender para IBM a la venta y arrendamiento de locales comerciales. Su oficina estaba en un edificio del centro. Desplegó un mapa de la zona del centro en la que se concentraban propiedades comerciales y, a continuación, dibujó un círculo alrededor de su oficina que abarcaba cinco minutos andando en cualquier dirección. Decidió que trabajaría solo en este ámbito, que cubría cientos de edificios de oficinas y futuros inquilinos, y trabajó solo con clientes cuyas oficinas estaban a cinco minutos a pie de su oficina. Con esta filosofía, y una intensa atención en esta área geográfica reducida, ganó más de doscientos mil dólares en su primer año, mientras que otros vendedores que lo rodeaban seguían luchando.

Por lo tanto, puedes especializarte en un determinado tipo de producto o servicio que tu empresa ofrezca, un determinado tipo de cliente o una región en particular o área de actividad. Este es el primer paso en la definición de la estrategia de ventas.

2. *Diferenciación.* Una vez que hayas decidido el producto o servicio en el que te especializarás, a continuación mira a tu alrededor para localizar exactamente a esos clientes que serían más propensos a comprarte, basándote en tu área de diferenciación y superioridad.

Cada cliente toma una decisión de compra, una elección entre productos de la competencia, por lo general basada en *una* ventaja principal o beneficio que está convencido que va a recibir. Tu trabajo consiste en determinar cuál es el valor añadido único o el beneficio especial que tu producto o servicio puede ofrecer, y qué tipo particular de clientes valoran tanto ese beneficio que te elegirían sobre todos los demás competidores y entre todos los demás productos disponibles.

También puedes diferenciarte en términos de conocimiento del producto. Una de las razones por las que la gente compra un producto o servicio es porque están convencidos de que el vendedor es un experto en esa área de producto o servicio. Tienen más confianza comprando a una persona que parece saber más acerca de su producto o servicio que lo que podría saber un competidor.

También puedes diferenciarte sobre la base de la superioridad de tus habilidades de ventas. Las empresas más grandes y mejores aprendieron hace mucho tiempo que la calidad de la formación que dan a sus vendedores determinará en gran medida el éxito de los vendedores frente a la competencia.

3. *Segmentación.* ¿Qué segmentos de mercado o grupos de clientes pueden beneficiarse más de tus áreas de especialización y diferenciación? Escribe una descripción de tu cliente ideal o perfecto. ¿Cuáles son los *datos demográficos*? ¿Cuál es la edad del cliente, su educación, posición, el nivel de formación de la familia y su estilo de vida actual?

Analiza la *psicografía* de tu cliente ideal. ¿Cuáles son las esperanzas, miedos, deseos, problemas, metas y aspiraciones para su futuro? A continuación, busca más y más personas que encajen en el perfil de cliente ideal. Cuanta mayor claridad tengas con respecto a lo que constituye un cliente ideal, más de ellos encontrarás, y más fácil será que seas capaz de venderles.

4. *Concentración.* Este pilar del éxito requiere que te centres en el propósito único de la venta de tus productos y servicios solo a aquellos clientes o grupos de clientes que puedan y vayan a comprar y pagar lo más pronto posible, y que apreciarán mejor las características y beneficios especiales que tus productos ofrecen. ¿Dónde deberías concentrar tus energías de ventas para que puedas hacer más ventas, más rápido y más fácil que las que podrías estar haciendo hoy?

La atención y la concentración tienen recompensa

Aquí va un ejemplo de mi propia experiencia. Un amigo mío se graduó en la universidad y decidió entrar en la industria de los seguros. Una vez que hubo completado su formación y recibido su licencia, comenzó a hacer llamadas a puerta fría a una amplia variedad de posibles clientes.

Por supuesto, los mejores clientes son aquellas personas que tienen ingresos altos, de forma regular, y no disponen del tiempo o los conocimientos para tomar buenas decisiones acerca del seguro de vida y la planificación financiera. Pronto descubrió que todos los demás agentes estaban pensando de la misma manera. Como resultado, concentraban la mayor parte de sus esfuerzos en abogados, arquitectos, ingenieros, médicos, dentistas, especialistas médicos y dueños de negocios. Como se suele decir, «Pescar donde hay peces».

Decidió que, con el fin de destacar entre la multitud de vendedores de la competencia, tenía que especializarse en un determinado tipo de cliente, y en un determinado tipo de seguro y de planificación financiera. Optó por los seguros de vida y en la planificación del patrimonio, y decidió centrarse en los médicos y los dentistas y otros profesionales de la medicina.

Luego se dedicó a convertirse en un experto en la profesión médica con el fin de diferenciarse de sus compañeros vendedores. Entrevistó a médicos, asistió a reuniones de asociaciones médicas, leyó revistas médicas y artículos, y finalmente desarrolló una comprensión completa de las necesidades financieras, requisitos y los problemas de los médicos.

Desarrolla una reputación

A lo largo de unos dos años, desarrolló la reputación de ser tal vez el mejor especialista en planificación financiera y seguros para profesionales médicos. Fue invitado a hablar y dar seminarios en conferencias médicas sobre los problemas específicos que enfrentan los profesionales de la medicina y las mejores maneras de organizar sus vidas financieras.

En cinco años, era uno de los agentes de seguros más importantes del mundo, ganando más de un millón de dólares al año en comisiones directas mediante la especialización, la diferenciación, la segmentación y luego la concentración en exactamente los clientes que representaban el mayor potencial de ingresos para él en su negocio.

EJERCICIOS PRÁCTICOS

1. ¿En qué producto o área de servicio te especializas, y cuáles son los beneficios más importantes que una persona disfrutará por la compra de ese producto o servicio tuyo?

2. ¿Cuáles son las características y cualidades de tu cliente ideal, el que más aprecia y valora los productos y servicios en los que te has especializado?

NUEVE

Capta clientes como un profesional

ENCONTRAR NUEVAS personas que compren tu producto o servicio es la parte más importante del proceso de venta. Tu capacidad para captar clientes eficazmente —para encontrar personas que quieran y necesiten tu producto o servicio, y estén dispuestas a comprar y pagar por ello a corto plazo— es la clave de tu éxito.

Comprar resultados, no productos

La gente no compra productos o servicios. Compran resultados o beneficios. Compran el cambio o mejora que esperan disfrutar como resultado de la adquisición de tu producto o servicio. Inicia el proceso de prospección sentándote y haciendo una lista de todos los beneficios que un cliente puede disfrutar con el uso de tu producto o servicio de diferentes maneras.

Si cuentas con una variedad de beneficios, organízalos por prioridad y determina el mayor beneficio único que un cliente experimentaría. Además, si tu producto ofrece varios beneficios, cada uno de estos beneficios pueden apelar a un tipo diferente de cliente.

La siguiente etapa de la prospección es definir exactamente el cliente potencial o persona que probablemente compraría tu producto o servicio, y lo haría *de inmediato*. Esto requiere que definas tu producto o servicio de una entre cuatro maneras diferentes.

¿Cuál es el problema que tú puedes resolver?

En primer lugar, ¿qué problema tendría tu cliente ideal que tu producto puede resolver? Estás buscando a personas con un problema por el que ellas están dispuestas a pagarte para que se lo soluciones. Descubres este problema haciendo buenas preguntas y escuchando atentamente las respuestas.

Los problemas se dividen en tres categorías. La primera es que sean obvios y claros. El cliente sabe que tiene un problema y sabe cuál es.

El segundo es que no sean evidentes y no estén claros. El cliente tiene un problema, pero no sabe cuál es, y por lo tanto no tiene claro qué hacer para resolverlo. Una de las grandes áreas de vanguardia en la venta moderna es que puedas mostrar a los clientes que tienen un problema que no sabían que tenían, y cómo puedes solucionarles ese problema de manera rentable.

El tercer tipo de problema es el problema *inexistente*. Muy a menudo, cuando llamas a un cliente potencial en busca de una persona que tenga un problema que tu producto puede resolver, te encuentras con que el cliente realmente no tiene ese problema. No necesita lo que vendes. Le va muy bien como está.

Encuentra la necesidad clave

En segundo lugar, busca a clientes que tengan una necesidad que aún no se haya satisfecho. Las necesidades son el desencadenante del deseo y la conducta de comprar. Muchas personas tienen necesidades pero no saben que hay un producto que tú puedes venderles que satisface esa necesidad. Este es por norma general el motivo por el que responden a un enfoque de venta inicial con palabras tales como: «No me interesa», o «No estoy en ese mercado ahora mismo».

Exactamente, ¿qué necesidad satisface tu producto o servicio que tu cliente está dispuesto a pagar?

Identifica sus metas

La tercera cualidad de los buenos clientes potenciales es que tienen un objetivo que aún no han sido capaces de lograr. Puede ser cualquier cosa, desde la pérdida de peso a la independencia financiera, a mayores ingresos y un ascenso más rápido en su trabajo. *¿Qué objetivo* puede tu producto o servicio ayudar al cliente a alcanzar de forma única?

Una de las mejores estrategias es preguntar a los clientes acerca de sus metas a largo plazo. Cuanta mayor claridad tenga la gente sobre los objetivos que desean alcanzar, mejores clientes serán y más rápido comprarán lo que les vendes, siempre y cuando tu producto les ayude a alcanzar estos objetivos de una manera efectiva en relación al coste.

¿Dónde duele?

Por último, buscas a un cliente potencial que tiene dolor, preocupación, inquietud o estrés, al que puedes ayudar a aliviar o curar. Una simple pregunta como «¿Qué te mantiene despierto por la noche?» suele abrir un torrente de oportunidades de venta.

En el análisis final, desde la época de los antiguos mercados sumerios del 5000 A.C., los clientes siempre han comprado una sola cosa: *mejorar*.

¿Qué mejora en la vida o en el trabajo de tu cliente ofrece tu producto o servicio? Los clientes compran en previsión de que estarán mejor después de haber comprado y utilizado tu producto de lo que estaban antes de experimentarlo. Debes tener claro el beneficio o mejora, y debes dejar claro a tus clientes que van a disfrutar de ese beneficio o mejora.

Ventas de negocio a negocio

Si vendes a empresas, sus necesidades son muy simples. Quieren tanto *incrementar* sus ventas y rentabilidad, como *disminuir* sus costes y gastos. Quieren ahorrar o ganar tiempo o dinero. Quieren mejorar sus operaciones financieras de alguna manera.

Los clientes comerciales determinan el valor de tu producto o servicio, y lo que están dispuestos a pagar, por la *diferencia* entre el precio que les cobras y los beneficios financieros que van a disfrutar como resultado. Ambos deben quedar claro a tus clientes potenciales antes de que puedan tomar una decisión de compra.

La buena noticia es que si haces suficientes preguntas y escuchas atentamente las respuestas, tus clientes en potencia te dirán todo lo que necesitas saber para presentarles tu producto como la mejor opción para ellos, a fin de cuentas.

El método de las cien llamadas

Uno de los mayores desafíos de la captación de clientes es superar el miedo al rechazo. Para superar este miedo al rechazo hay una técnica sencilla que puedes utilizar. Decide hoy utilizar lo que yo llamo «el método de las cien llamadas».

Este método requiere que salgas de inmediato y llames a cien nuevos clientes tan rápido como te sea posible. La diferencia aquí es que realmente no importa demasiado si compran o no. Tu atención se centra en el número de clientes potenciales a los que llamas, no en los resultados de tus ventas.

Parece que hay un punto de equilibrio maravilloso entre querer vender demasiado y querer vender poco. Cuando alcanzas ese punto de equilibrio, en el que deseas la venta pero no te preocupa si se hace a través de ti, te conviertes en el vendedor más eficaz que puedes llegar a ser.

Cuando implementas el método de las cien llamadas en tu vida, y llamas a cien personas diferentes lo más rápido que puedes, al final del proceso te conviertes en alguien totalmente *audaz*. Con respecto al rechazo, tendrás agua fría en las venas. No tendrás miedo en absoluto de llamar a cualquiera en cualquier momento. Para el resto de tu carrera realmente mirarás hacia delante, hacia la prospección, porque sabes que después de cada llamada a un cliente te aproximas un paso más hacia una venta exitosa.

EJERCICIOS PRÁCTICOS

1. Identifica a tus clientes ideales, y su problema, necesidad, o meta que hará que vayan a comprarte a ti.

2. Toma hoy la decisión de duplicar tu «tiempo presencial» y pasar más tiempo cada día con aquellos clientes potenciales que pueden y van a comprarte en un plazo breve de tiempo.

DIEZ

Califica a tus clientes

UNA DE LAS MAYORES pérdidas de tiempo del negocio de las ventas es pasar demasiado tiempo con personas que no pueden o no van a comprar tu producto o servicio. Tu capacidad para calificar a tus clientes potenciales con claridad al inicio de la conversación, incluso por teléfono, puede ahorrarte una enorme cantidad de tiempo y aumentar tus ingresos considerablemente.

Los clientes actuales están abrumados con hasta cinco mil mensajes comerciales al día, todos diciendo: «¡Cómprame! ¡Cómprame! ¡Cómprame!».

Conseguir la atención del cliente

El recurso más escaso en los negocios es la atención del cliente. Para que puedas tener la oportunidad de vender o de *marcarte un tanto*, debes pasar por encima de las preocupaciones de tus clientes potenciales para que estén dispuestos a escucharte a ti primero.

Siempre que sea posible, abre tu conversación de ventas con una pregunta enérgica, que califique al cliente inmediatamente y llame la atención de la persona. Formula una pregunta ante la que un *Sí* califique a la persona como posible cliente que podría comprar y usar tu producto o servicio.

Por ejemplo, al vender a las empresas, podrías abrir con: «¿Te gustaría ver una idea que podría darte (o ahorrarte) una gran cantidad de tiempo o dinero?».

Dado que la principal preocupación de la gente en los negocios es ahorrar o ganar tiempo o dinero, este tipo de pregunta debería obtener de inmediato su atención. La mayoría de los productos o servicios que vendes a un negocio ofrecen de alguna manera un beneficio económico: una forma de aumentar las ventas y la rentabilidad o de disminuir los costes y los gastos.

Si estás vendiendo bienes inmobiliarios residenciales, una buena pregunta inicial sería: «¿Estás buscando una casa ideal dentro de un barrio tranquilo?».

Puesto que esta simple pregunta abarca los deseos y preocupaciones del noventa por ciento de los compradores de casas residenciales, el cliente dirá, casi invariablemente: «Por supuesto, eso es exactamente lo que andamos buscando».

Si te estás dirigiendo a un gerente de ventas cuyos ingresos vienen determinados por el éxito de las ventas, tu enfoque podría ser algo que yo he usado durante años: «¿Estarías interesado en una manera de aumentar tus ventas de un veinte por ciento a un treinta por ciento durante los próximos seis a doce meses?».

Esta pregunta casi siempre ha suscitado la respuesta ideal: «Por supuesto. ¿Cuál es?».

Si tu pregunta inicial no provoca ese «¿Cuál es?», entonces debes volver al principio y trabajar en tu pregunta inicial hasta que esta provoque esa respuesta en un cliente cualificado cada vez que la formules.

Céntrate en el cliente

En tu contacto inicial con el cliente, centra toda tu atención y tus preguntas en el cliente. No hables de lo que eres y lo que haces, o acerca de tu empresa. Recuerda que se trata de él, no de ti.

La venta centrada en el cliente es la venta profesional. Solo estás vendiendo profesionalmente cuando estás hablando con tu cliente acerca de lo que él quiere y necesita.

Pregunta en tu camino al éxito

En la prospección, cuanta más información puedas obtener, más fácil será que puedas calificar al cliente y luego pases a realizar una venta. Aquí es donde hacer preguntas es tan importante. Tus preguntas deben ser consideradas cuidadosamente de antemano, y organizadas en una secuencia lógica, desde lo más general a lo más específico.

Una vez tengas una respuesta positiva por parte de un cliente potencial a tu pregunta inicial, haz entonces preguntas acerca de su negocio, su mercado, su presupuesto, y así sucesivamente. Por lo general, la gente te dará toda esta información a cambio del beneficio que has prometido en tu pregunta inicial.

Estrategia de llamada a puerta fría

Cuando estés llamando a puerta fría, o llamando a un cliente potencial por primera vez, una estrategia es «lanzarte sin nada».

Lo que esto significa es que, a lo sumo, lleves una carpeta sencilla en lugar de un maletín lleno de folletos o muestras. Si el cliente está interesado y quiere una presentación y más información, siempre puedes regresar a tu coche para buscar lo que necesitas y llevárselo. Pero cuando vas sin un maletín reduces el estrés de la resistencia a la venta inicial y haces que el cliente se relaje y se abra a ti enseguida.

En tu primera llamada, nunca deberías tratar de vender. Céntrate en recopilar información. A menos que estés vendiendo algo barato que requiera poca reflexión, lo que quieres es entrevistar al cliente y hacer preguntas. Toma notas y dile que regresarás si piensas que tienes algunas ideas que le pueden ayudar. Céntrate en construir una relación y aparentar ser amable, cordial y no amenazador.

Cuanto más tiempo se mantenga relajado tu cliente, y cuanto más se abra a ti, más probable será que cierres la venta en el largo plazo.

Identifica el beneficio clave

Con cada cliente hay un beneficio clave que activará el deseo de comprar y hará que el cliente compre tu producto o servicio. Al mismo tiempo, existe un temor o duda clave que mantendrá al cliente reticente a la compra. Tu trabajo inicial en la conversación de prospección, y la clave para la calificación, es descubrir exactamente qué beneficio hará que este cliente vaya a comprarte a ti, y qué miedo o duda exactamente podrían refrenarlo.

No tengas miedo de preguntar. «Preguntar» es la palabra mágica para el éxito de ventas. Puedes hasta decir: «Sr. Cliente, hemos descubierto que siempre hay un beneficio clave o razón principal por la cual una persona compra nuestro producto o servicio. ¿Cuál podría ser la suya?».

Si eres abierto, honesto y genuino, y preguntas por curiosidad, te sorprenderán las respuestas que escucharás.

Los clientes suelen proporcionarte toda la información necesaria para cerrar una venta. La clave está en que preguntes.

EJERCICIOS PRÁCTICOS

1. Inventa una pregunta de apertura o una declaración que te permita determinar si se trata de un buen cliente potencial para lo que vendes.

2. Identifica el beneficio clave que busca tu cliente ideal, y asegúrate de ofrecerlo en tus primeras palabras de la conversación.

ONCE

El factor de la amistad

EN MILES DE entrevistas, cuando se les pide a los clientes que piensen en las palabras que mejor describan cómo se sienten acerca de los mejores vendedores que los llaman, la primera y más importante es siempre la palabra «amigo».

«La veo como una amiga», dirá el cliente, o «Yo siento que él está más interesado en mí y en ayudarme a alcanzar mis metas que en solo hacer una venta».

Anteriormente, hemos llamado a esto «relación de venta», refiriéndonos a la importancia de establecer una relación de alta calidad, creíble y basada en la confianza con el cliente antes de realizar cualquier intento de persuadirlo para comprar o usar tu producto o servicio. En este caso, como dijo Shakespeare: «Apresúrate lentamente».

Céntrate en la amistad

La amistad es un requisito esencial, y el fundamento de la venta profesional. Se basa en la sencilla conclusión de que las personas no te comprarán hasta que estén convencidos de que eres su amigo y que estás actuando buscando ante todo su interés.

El primer trabajo que tienes que hacer en el proceso de venta es establecer la *confianza*. Lo consigues siendo puntual, estando preparado y centrándote únicamente en el cliente al inicio del proceso de venta. A partir de una base de confianza, te desplazas gradualmente a un sentimiento de amistad. La regla básica es que no puedes vender a alguien que no te gusta, y tampoco puedes comprar a alguien que no te gusta. Si no nos gusta ni confiamos en la persona que está hablando, no importa lo atractivo que sea el producto o servicio, rara vez compraremos. La simpatía, la confianza y la amistad son los fundamentos de la venta relacional.

El doctor de las ventas

Una manera de construir confianza, franqueza y amistad con el cliente es adoptar lo que yo llamo el enfoque de doctor de las ventas. Esto requiere que pienses sobre ti mismo como si fueras un «médico de las ventas», un profesional completo con un alto código ético.

Si visitas a un médico por cualquier motivo y en cualquier parte del mundo, todo médico legítimo siempre sigue un proceso de tres partes: el *examen*, el *diagnóstico* y la *prescripción*.

En entrevistas grabadas en vídeo de conversaciones de ventas, parece que el vendedor de élite en todos los campos sigue el mismo proceso en la conversación de ventas.

EL EXAMEN

En el examen, el médico pasará una buena cantidad de tiempo haciendo preguntas, solicitando exámenes de sangre y de presión arterial y otros parámetros de diagnóstico para entender completamente tu estado. Durante la fase de examen, el médico no sugiere diferentes cursos de tratamiento o recetas que puedes tomar. El médico se centra en un único propósito: hacer preguntas, hacer pruebas y comprender plenamente tus verdaderas necesidades o situación.

En la venta profesional, la fase de examen es cuando haces preguntas bien preparadas que cubren desde lo general a lo particular acerca de las necesidades del cliente, sus deseos, preocupaciones, problemas y objetivos. Cuanto más tiempo te tomes para llevar a cabo un examen completo, o lo que llamamos «fase de identificación de la necesidad», mejor le caerás al cliente y este confiará en ti y sentirá que estás actuando a favor de sus intereses. Tanto más le gustarás.

EL DIAGNÓSTICO

La segunda parte del enfoque de doctor de las ventas es el diagnóstico. Esto es cuando resumes tus conclusiones, como un médico cuando recibe las pruebas del laboratorio, y le explicas al paciente (cliente) exactamente cuál crees que es el auténtico problema o necesidad de esa persona. Los buenos médicos siempre se toman su tiempo para explicar cuidadosamente sus hallazgos y las interpretaciones posibles de estos hallazgos.

Una vez que el cliente (paciente) entiende plenamente que tiene un problema o una necesidad que debe ser tratada, la siguiente parte de la conversación es la presentación de tu producto o servicio.

LA PRESCRIPCIÓN

En la tercera fase del enfoque del doctor de las ventas, lo que llamamos prescripción, presentas tu producto o servicio de manera convincente como la solución correcta y exacta al problema o necesidad que tú y el cliente hayan identificado conjuntamente.

En la fase de prescripción, presentas tu producto o servicio, respondes a las preguntas o inquietudes que el cliente pueda tener, demuestras que el tratamiento recomendado es el mejor y más eficaz método para resolver el problema de la persona, considerando todas las cosas, y luego llegas a un acuerdo sobre el tratamiento necesario... en ventas, eso sería lograr que el cliente actúe.

La relación lo es todo

Si la relación es lo suficientemente fuerte entre tu médico y tú, sueles aceptar las recomendaciones del médico en cuanto te las da, y de hecho estás ansioso por comenzar el tratamiento para poder resolver el problema o satisfacer las necesidades.

Para desarrollar una relación de amistad y basada en la confianza con tu paciente, deberías usar una aproximación enfocada en el cliente, centrada en él, profesional y sencilla. Concéntrate en la construcción de la confianza y la amistad enfocándote exclusivamente en el cliente y en cómo puedes ayudarle a resolver un problema o alcanzar una meta. Cuanto más tiempo emplees en comprender a fondo las necesidades reales de tu cliente, más fácil será presentar tu producto o servicio como la solución ideal.

Cuidado, cortesía y respeto

Una verdadera relación amistosa está basada en el cuidado, la cortesía y el respeto. Expresas cuánto te importa haciendo preguntas acerca de la vida o el trabajo del cliente, y después escuchando con atención y simpatía las respuestas. Expresas cortesía siendo siempre educado, no solo con el cliente, sino con todo el mundo en su oficina o en el hogar de los que tratas.

Por último, expresas respeto cuando haces preguntas inteligentes, escuchas con atención las respuestas, haces recomendaciones y siempre le pides la opinión al cliente sobre lo que le estás vendiendo. Cuanto más te enfoques en «vender sin vender», más rápido construirás el factor de la amistad en tu relación de ventas, y es más probable que hagas la venta y la mantengas hasta el final de la conversación.

EJERCICIOS PRÁCTICOS

1. Para construir rápido una relación más amigable, imagina que tu cliente es una persona fascinante, con una rica vida interior. Haz preguntas y escucha expectante, como si esta persona estuviese a punto de decir algo profundo y conmovedor.

2. En tu próxima reunión de ventas, deja a un lado cualquier deseo de hacer una venta y en su lugar concéntrate en entender realmente a tu cliente en relación con tu producto o servicio, con el mayor detalle posible.

DOCE

Tres claves para la persuasión

LOS PSICÓLOGOS han identificado una variedad de cosas que puedes hacer para acelerar el proceso de toma de decisiones que conduce a una venta. En el proceso de compra normal, el cliente observa y habla con el vendedor, en general varias veces, y luego considera cuidadosamente los pros y los contras de comprar o no comprar. Después de lo que suele ser un proceso prolongado, el cliente finalmente cierra el círculo hasta el punto de ponerse de acuerdo con la compra de tu producto o servicio.

Utiliza desencadenantes de ventas probados

Sin embargo, los investigadores han descubierto que hay ciertos «desencadenantes» psicológicos que puedes *pulsar* en la conversación de ventas que harán que el cliente te compre a ti casi de inmediato. Estos desencadenantes se utilizan en las actividades de mercadotecnia y publicidad más exitosas para mover a la gente de estar completamente desinteresada a tener el deseo de comprar, a veces en el lapso de tiempo de un anuncio televisivo de treinta a sesenta segundos. Tú puedes hacer lo mismo en tu trabajo de venta.

Se han dedicado muchos años de investigación en psicología motivacional a descubrir algunas de las razones por las que la gente se comporta como lo hace, sobre todo en situaciones de venta. La investigación muestra que cada cliente tiene necesidades subconscientes profundas que deben satisfacerse antes de tomar una decisión de compra. Las influencias de compra son como detonantes que provocan decisiones rápidas de compra. Conectan inmediatamente con estas necesidades subconscientes. El uso de estos desencadenantes crea atajos hacia el proceso de toma de decisiones.

El poder de la reciprocidad

La primera y más poderosa influencia de compra es la *reciprocidad*. Tenemos una profunda necesidad de «devolver favores» a otras personas, devolver todo lo que hacen por o para nosotros. Nos gusta compensar a otros cuando hacen algo agradable por nosotros. Queremos corresponder a las atenciones o favores de otros.

El primer tipo de reciprocidad es la reciprocidad *emocional*: «Si tú me haces sentir bien, yo te haré sentir bien». Puedes provocar este sentimiento siendo una persona agradable, haciendo buenas preguntas, escuchando atentamente y haciendo que el cliente se sienta importante.

En la reciprocidad *física*, decimos: «Si haces algo bueno por mí, o me das algo agradable de naturaleza física, haré algo bueno por ti o te lo devolveré de alguna manera».

Busca siempre maneras de dar favores o atenciones a tus clientes potenciales. Envía tarjetas de agradecimiento en cada ocasión para estimular la buena voluntad en tus clientes potenciales. Cuando muestras amabilidad, cuidado y cortesía a la gente, y escuchas con atención cuando hablan de forma que se sientan mejor y más felices consigo mismos, quieren corresponder de alguna manera: a menudo considerando cuidadosamente e incluso comprando lo que vendes.

Compromiso y coherencia

La segunda influencia o desencadenante emocional se llama *compromiso y consistencia*.

La Ley de Compromiso Incremental se aplica a todos los clientes en las actividades de ventas. Esto significa que comienzan con un compromiso cero cuando te conocen y hablan contigo por primera vez. A continuación, lleva una cierta cantidad de tiempo alcanzar el cien por cien de compromiso, en el que compran tu producto o servicio. Debes dar a la gente el tiempo suficiente para avanzar en el espectro desde un interés cero a un cliente convencido.

La gente también se esfuerza por mantener una coherencia con lo que han hecho y dicho en el pasado. Cuando haces a los clientes preguntas inteligentes acerca de su situación y luego les muestras que tu producto o servicio responde exactamente a ésas preguntas y resuelve los problemas que el cliente ha identificado, la venta resulta mucho más fácil. La gente no discute con sus propios datos.

Las personas se esfuerzan por mantener una coherencia con la imagen que tienen de sí mismas. Cuando les dices: «Todas las principales empresas están comprando este producto o servicio», provocas en la mente de tus clientes el deseo de comprar tu producto o servicio, porque se ven a sí mismos y piensan de sí mismos como una de las «principales empresas».

Cuando dices que «todas las personas realmente exitosas ya están utilizando este producto o servicio», los individuos cuya imagen de sí mismos está ligada a tener éxito están inmediatamente más interesados en la compra de lo que estás vendiendo que lo que estaban antes.

Lo que otros dicen y hacen

Un tercer desencadenante de compra importante se llama *contexto social*. Es una de las influencias más poderosas de todas a la hora de comprar. Los seres humanos son animales sociales. Están muy influenciados por lo que otras personas a su alrededor hacen y dicen. Los clientes potenciales están extraordinariamente influenciados por otros similares a ellos que han comprado tu producto o servicio.

Una de las primeras preguntas que un cliente hace, ya sea expresada en voz alta o no, es: «¿Quién más que yo conozca y respete ha comprado este producto?».

El contexto social es tan poderoso que puede hacer que un cliente dé un giro de 180 grados, de tener un interés cero a querer comprar de inmediato.

El cliente siente que si otras personas similares a él han comprado el producto, este tiene que ser una buena opción. El cliente asume que otro cliente inteligente ya ha hecho sus deberes por él. El otro cliente ya ha pensado en el producto o servicio, lo ha evaluado con cuidado y ha llegado a una decisión de compra inteligente. Por lo tanto, es seguro hacer lo mismo.

Otra parte del contexto social son las recomendaciones, listas, fotos y, cada vez más, los vídeos de clientes felices hablando de lo bueno que es tu producto o servicio, y lo felices que están de haberlo comprado y poder usarlo. Cuantas más personas puedan acreditar las bondades de lo que vendes, más seguro y fácil será para un cliente interesado comprar tu producto.

EJERCICIOS PRÁCTICOS

1. Identifica una o dos cosas que puedes hacer o decir, o incluso presentar como regalo a tu cliente en la primera llamada, con el fin de desencadenar el deseo de la persona de corresponderte escuchándote y tal vez incluso comprando lo que vendes.

2. Prepara dos ejemplos concretos de otras personas que hayan comprado tu producto y hayan quedado muy contentas con los resultados y los beneficios que disfrutaron. Habla de estos clientes durante tus presentaciones de ventas.

TRECE

Haz presentaciones efectivas

LA PRESENTACIÓN es el «juego interno» de la venta, donde se realiza la venta real. Es durante la presentación cuando transformas a un cliente escéptico o reacio en un cliente comprometido.

Una presentación eficaz puede aumentar tus ventas varias veces respecto a una explicación no planificada y descoordinada de tu producto o servicio.

Una vez hayas determinado que el cliente necesita el producto, puede utilizar el producto, puede beneficiarse del producto y puede adquirir el producto, es hora de persuadirle para que pase a la acción.

El noventa y cinco por ciento de las presentaciones se pueden mejorar de alguna manera. Sigue trabajando en tu presentación hasta que vendas con éxito a un cliente calificado casi cada vez.

Sigue un proceso lógico

La presentación es una forma lógica y ordenada de pasar de lo general a lo específico. Antes de empezar, habrás pasado por el proceso de determinar con claridad que una persona es un cliente potencial de lo que estás vendiendo, habrás construido una relación positiva basada en la amistad y la confianza y habrás analizado las necesidades del cliente con cuidado para que el cliente tenga claro cómo puede beneficiarse de lo que estás vendiendo.

Recuerda que la venta desordenada puede matar la venta. Empezar a hablar de tu producto antes de que el cliente tenga claro que tiene una necesidad o un problema que tu producto puede satisfacer o resolver, hará que ese cliente pierda interés y diga: «No estoy realmente interesado en este momento», o «Déjamelo. Le echaré un vistazo», o lo que es todavía peor, «Me lo pensaré».

Antes de comenzar tu presentación, asegúrate de que el entorno es ideal para que hagas la presentación y el cliente preste atención y escuche. La gente solo puede centrarse en una cosa a la vez. Si hay distracciones, interrupciones o ruidos de cualquier tipo, el cliente será incapaz de concentrarse en lo que le estás diciendo y, por lo tanto, no podrá comprar al final de tu presentación.

La fórmula de presentación

Planifica tu presentación a fondo de antemano. Piensa sobre el papel. Revisa tu presentación antes de cada reunión con un cliente, no importa cuántas veces la hayas realizado en el pasado. Recuerda que la preparación es la marca del profesional.

La mejor fórmula para hacer una presentación de ventas es «mostrar, contar y hacer preguntas».

Muestra al cliente cuál es tu producto y, sobre todo, lo que hace para cambiar o mejorar la vida o el trabajo del cliente de alguna manera. *Cuenta* al cliente de qué modo se beneficiará. Luego, *haz preguntas* para asegurarte de que lo que estás presentando es importante o relevante: «¿Es esto algo que usarías? ¿Traería una mejora a tu funcionamiento actual?».

Enseña al cliente cómo puede sacar mayor un beneficio al disfrutar y usar tu producto o servicio. Crea emocionantes imágenes mentales del cliente sonriendo y beneficiándose de tu producto: «Imagínate usando este producto o servicio todos los días. ¿Qué diferencia introduciría en tu vida o trabajo?».

El principio de los tres

Otra técnica de presentación de gran eficacia es lo que llamamos el principio de los tres.

Debido a esto (describe la característica del producto), *puedes* (describe el beneficio del producto), *lo que significa* (describe el beneficio para el cliente).

Por ejemplo, si estuvieras vendiendo un televisor de pantalla plana, dirías: «A causa de esta nueva tecnología de pantalla plana [característica del producto], puedes montar este televisor en cualquier pared [beneficio del producto], lo que significa que puedes convertir tu salón en un cine para tu familia y amigos [beneficio para el cliente]».

Cuenta historias

Tal vez la más poderosa herramienta que puedes utilizar para una presentación persuasiva es lo que se llama «venta anecdótica». Esto es cuando refuerzas tu presentación con historias y ejemplos de otros clientes que te hayan comprado y estén satisfechos con tu producto o servicio.

Cuenta un montón de historias de éxito sobre tus clientes felices. La razón por la que esta técnica es tan poderosa es porque todas las decisiones de compra se realizan en el lado derecho del cerebro, y este se activa mediante fotos, imágenes y relatos de diferentes tipos.

Cuando cuentas una historia de éxito sobre un cliente feliz, tus clientes potenciales se proyectan automáticamente a sí mismos en la historia de ese cliente y se ven disfrutando también de tu producto o servicio.

EJERCICIOS PRÁCTICOS

1. Haz una lista de todas las «historias de éxito» protagonizadas por personas que hayan comprado tu producto o servicio, tanto si es tu propia historia o la historia de otra persona. Utiliza estas historias a menudo.

2. Decide planificar, preparar y revisar tu presentación cuidadosamente, justo antes de cada conversación de ventas.

CATORCE

Practica el poder de la sugestión

LA GENTE QUEDA muy influenciada por el poder de los elementos sugestivos de su entorno. En ningún lugar esto es más importante que en el proceso de ventas. Al identificar claramente los elementos sugestivos que puedes controlar, y luego mediante su empleo de forma coherente en todas las conversaciones de ventas, puedes tener una influencia más coherente y positiva en el comportamiento de compra del cliente potencial.

Hay ciertas cosas que puedes hacer como vendedor que pueden tener un fuerte impacto subconsciente y sugestivo en el comportamiento de tu cliente. Recuerda la regla: «¡Todo cuenta!». Todo lo que hagas en una conversación de ventas ayuda o perjudica. Todo lo que hagas o digas en presencia del cliente te acerca o te aleja de una venta. Todo cuenta.

La personalidad es importante

El primer elemento sugestivo es tu personalidad y cómo te relacionas con el cliente. Cuando eres positivo, cálido, amable y demuestras una actitud alegre, tienes una influencia sugestiva positiva en el cliente. El cliente está más abierto a escucharte y ser persuadido por ti.

La profundidad de tu creencia en la calidad de tu producto o servicio, y en tu empresa, también tiene una poderosa influencia sugestiva y positiva. Cuando combinas la creencia en la calidad de tu producto con una clara voluntad de contribuir a mejorar la vida o el trabajo de tu cliente, el cliente se ve muy influido y convencido, sobre todo a un nivel inconsciente.

Tu voz es vital

Hablar claramente es una fuerte influencia sugestiva. Las personas que hablan y aumentan su volumen en las últimas palabras de cada frase tienen un impacto mucho mayor que las personas cuyas voces decaen.

Cuando hablas con claridad y confianza, parece que tu producto o servicio es de mayor valor y superior al representado por alguien que habla en un tono más suave. Asegúrate de que tu dicción y oratoria son nítidas y claras.

Cómo es tu aspecto

Tu impacto visual en el cliente es extremadamente importante. El noventa y cinco por ciento de la primera impresión que ejerces irá determinada por tu ropa. Los seres humanos son intensamente visuales. Los expertos dicen que sacan su primera conclusión sobre ti a los cuatro segundos de verte por primera vez.

Asegúrate de estar atractivamente acicalado y bien vestido cuando te reúnas con un cliente. No tienes por qué ser guapo o agraciado. Los vendedores de aspecto corriente son más exitosos que los vendedores guapos, que pueden causar alguna distracción en el cliente.

Vístete para triunfar

Pero la norma es que debes «vestirte para triunfar». Debes presentarte lo mejor posible. Debes ir arreglado adecuadamente y bien vestido. Debes aparecer como una persona de éxito que trabaja para una empresa de éxito y que vende un producto de éxito. Incluso a las personas que no van particularmente bien vestidas o tienen un buen físico les gusta tratar con la gente que sí lo está.

Cuando yo era un joven vendedor, mal vestido e ignorante de las consecuencias de mi apariencia sobre mis clientes, un vendedor experimentado me llevó a un lado. Me preguntó si quería un poco de asesoramiento u opinión sobre mi aspecto. Afortunadamente, nunca he tenido problemas de ego. Le dije que estaba abierto a cualquier consejo que me pudiese dar que me ayudara a tener más éxito.

Se sentó conmigo y me dio un curso sobre la vestimenta adecuada para los negocios. A día de hoy, todavía me acuerdo de él «enseñándome». Desde entonces, compré camisas y corbatas a juego y llevé los zapatos lustrosos y un peinado más correcto para mis clientes. En un período muy corto de tiempo, me di cuenta de que la gente me trataba con mayor respeto, me escuchaba con mayor intensidad y compraba mi producto en mayores cantidades. Fue una verdadera revelación para mí.

La primera impresión

La gente tiene su primera impresión sobre ti en *cuatro* segundos y luego concluyen sus impresiones en un plazo de treinta segundos. Después de eso, se dedican a lo que los psicólogos llaman «sesgo de confirmación». Buscan razones para justificar sus primeras impresiones. Si no creas una buena impresión con tu aspecto en los primeros treinta segundos, tendrás que nadar contra la corriente y te encontrarás luchando para conseguir la atención y el respeto del cliente. Esto es especialmente cierto si tratas con personas de éxito. Son más críticas y juiciosas que prácticamente nadie más.

Sitúa tu producto bajo su mejor luz

El cuarto elemento en tu caja de herramientas de la sugestión es tu *producto*. Asegúrate de mostrar tu producto bajo su mejor luz. Asegúrate de que todos tus materiales de venta están limpios, ordenados y son atractivos. Tu cliente asume que la calidad de tus materiales de venta es una extensión directa de la calidad del producto que tú le estás ofreciendo. Asegúrate de que tienen un aspecto de primera clase.

En el sector inmobiliario hay un mercado en auge para las personas que destacan en lo que se llama «remodelación de casas». Un profesional entra en una casa que está en venta y recomienda quitar o reemplazar muebles, modernizar alfombras y encimeras, y da ideas para el orden y para hacer que toda la casa se vea hermosa y atractiva para vivir en ella. Esta impresión visual tiene un enorme impacto sobre cómo es la casa de seductora, cuánto pagará el comprador por la casa y la rapidez con que la casa se venda.

Recuerda, en términos de poder sugestivo, todo lo que el cliente ve, oye o siente tiene un impacto en su decisión final de comprar tu producto o no. Todo cuenta.

EJERCICIOS PRÁCTICOS

1. Toma la decisión hoy de acicalarte, vestirte y presentarte como si fueras la persona más exitosa y mejor pagada

de tu industria. ¿Cómo te vestirías de forma diferente a como lo haces en este momento?

2. Organiza tu presentación de venta y materiales para que estén limpios, ordenados, atractivos y aumenten el deseo de compra del cliente.

QUINCE

Construye megacredibilidad

EL CLIENTE medio es bombardeado a diario con cientos e incluso miles de mensajes comerciales.

El cliente está rodeado de personas y empresas que tratan de venderle productos de todo tipo y de todos los niveles de calidad y precio. Por consiguiente, el cliente de hoy es extremadamente escéptico y desconfiado de cualquier esfuerzo de venta.

Para que tengas éxito en las ventas, debes desarrollar un método para superar el escepticismo y construir un alto nivel de confianza en la mente del cliente hacia ti, tu empresa y tus productos y servicios. En resumen, debes aprender a desarrollar altos niveles de credibilidad —que nosotros llamamos megacredibilidad— en todo lo que hagas que afecte al cliente y la decisión de compra.

Neutraliza el miedo al fracaso

El principal obstáculo actual para la compra es el miedo al fracaso en la mente del cliente. Los clientes temen pagar demasiado por tu producto o servicio. Tienen miedo de acabar con el producto equivocado para sus necesidades particulares, o cometer un error de compra y ser criticados por otros por haber comprado algo inapropiado o caro. Los clientes tienen miedo de adquirir un producto que no pueda ser reparado o no tenga servicio de mantenimiento.

La razón por la que los clientes tienen estos temores es porque han tenido este tipo de experiencia negativa en el pasado, por lo general muchas veces a lo largo de los años. Están decididos a no volver a cometer los mismos errores.

La confianza reduce el miedo

La buena noticia es que cuantos más clientes crean en ti y en lo que dices, menor es el miedo a cometer un error en una relación comercial. Mientras que por un lado la confianza del cliente en ti crece, por otro lado el miedo a cometer un error disminuye. Por ello, tu trabajo principal es aumentar la seguridad del cliente y su confianza en ti. Esto aumenta la probabilidad de que el cliente acepte lo que dices y compre lo que vendes.

Todo lo que haces en la relación comercial puede ser de ayuda o de perjuicio en la construcción de confianza y credibilidad. Todo suma o resta en la credibilidad que necesitas para hacer una venta. Los clientes están nerviosos e inquietos por si toman una decisión equivocada y por lo tanto interpretan las cosas de una manera negativa si permites que lo hagan.

Tu trabajo principal consiste en posicionarte como un proveedor de bajo riesgo de tu producto o servicio. Sitúate como el vendedor de menor riesgo antes que del precio más bajo. Los clientes pagarán más para reducir el riesgo en una decisión de compra; si tienen una opción de alto riesgo acompañada de un precio más bajo o una de bajo riesgo acompañada de un precio más alto, siempre se decantarán por un mayor precio y un menor riesgo.

Cinco elementos de megacredibilidad

Hay cinco elementos clave en la megacredibilidad que requieres para hacer una venta:

1. *El vendedor*. Tu apariencia, comportamiento, actitud, ropa y aseo personal aumentan o disminuyen la confianza del cliente en comprarte a ti y a tu empresa.

2. *Tu reputación*. El activo más valioso que tiene tu empresa es su reputación de productos y servicios de calidad con otros clientes en el mercado. Se dice que el ochenta y cinco por ciento de la decisión de venta está basada en lo que se llama el boca a boca. Esto significa que otra persona, ya sea directa o indirectamente, afirma que tu producto o servicio es bueno y que tú, como cliente, debes comprarlo.

Asegúrate de hablar a tu cliente del tamaño de tu empresa, de cuánto tiempo has estado en el negocio y de que el tamaño de tu cuota de mercado proviene de tu calidad y servicio. Asegúrate de que tus folletos, catálogos, material de ventas y la tarjeta de visita sean de primera clase. Asegúrate de que tus modales y los de tu personal al teléfono, y la rapidez con que respondes a las preguntas, estén guiados de manera excelente.

3. *Contexto social*. Tal vez nada sea más persuasivo que las historias de otros clientes en situaciones similares que hayan comprado tu producto y hayan quedado contentos con su decisión.

El cliente siempre quiere saber: «¿Quién más lo ha comprado?», y «¿Cuál fue su experiencia con tu producto o servicio?». Utiliza recomendaciones, listas, fotografías e incluso vídeos de tus clientes felices. Lo mejor de todo son las historias de clientes que habrían dudado en comprar tu producto o servicio al principio, pero después de que lo hicieran pueden decir a los demás lo felices que quedaron con su decisión.

4. *Autoridad*. Cualquier tercero respetable que hable muy bien o positivamente sobre tu producto o servicio hace que sea más fácil comprarte. Una voz autorizada es a menudo el factor decisivo. Publicaciones, revistas y noticias que citan tu producto o servicio aumentan la credibilidad. Las personas que son conocidas por su experiencia o conocimiento y que utilizan tu producto o servicio construyen tu credibilidad. Los símbolos de opulencia y autoridad, como tu vestido, maletín, reloj, e incluso la calidad de la pluma que utilizas, aumentan tu credibilidad también. Implican que tienes éxito vendiendo un producto deseable y atractivo, sobre todo por tus precios.

5. *El producto o servicio*. Cuando tu producto proporciona los beneficios específicos que tu cliente está buscando, tiene más credibilidad. Cuando muestras que el valor que el cliente recibe es mucho mayor que el precio, construyes credibilidad y deseo de compra. Cuando respaldas tu producto con garantías y seguridad, aumentas la credibilidad que necesitas para hacer que el cliente tome una decisión de compra.

Los vendedores más exitosos son aquellos que trabajan continuamente para construir su credibilidad en estas cinco áreas y con sus clientes.

EJERCICIOS PRÁCTICOS

1. Haz una lista de tres cosas que puedes hacer para reducir el miedo al fracaso en la mente de tu cliente potencial.

2. Enumera tres elementos clave de megacredibilidad que puedes incorporar a tus actividades de ventas.

DIECISÉIS

Maneja las objeciones con eficacia

LAS OBJECIONES SON una parte normal, natural e inevitable del proceso de ventas. Sin embargo, muchos vendedores se desalientan y descorazonan cuando el cliente comienza a oponerse a sus ofertas basándose en el alto precio, en las mejores ofertas de los competidores y otras razones.

El hecho es que los clientes de hoy son bombardeados por cientos e incluso miles de mensajes comerciales. Como resultado, son escépticos, desconfiados y cuidadosos con su tiempo y su dinero.

No importa lo que estés vendiendo, los clientes tendrán preguntas y preocupaciones que debes resolver antes de poder proceder a una venta. Tu capacidad para manejar estas objeciones y preocupaciones es una habilidad clave esencial para tu éxito de ventas.

La mejor noticia es que las objeciones son *buenas*. Indican interés en tu producto o servicio. Las objeciones a menudo indican que has tocado un nervio emocional y que has conectado con el cliente de alguna manera. Resulta que las ventas exitosas tienen el doble de objeciones que las ventas fallidas.

La Ley de los Seis

La Ley de los Seis es uno de los principios más poderosos que puedes utilizar para identificar y superar las objeciones. Esta ley dice que el número de objeciones a tu producto o servicio, sea el que sea, está limitado a no más de seis.

Determina tus seis principales objeciones. Plantéate esta cuestión: «Podríamos vender a todo aquel con el que habláramos si nuestros clientes no dijeran...».

Haz una lista de todas las objeciones que recibes en una semana o un mes, y luego divídelas en seis categorías lógicas. Serán diferentes de un producto a otro y de un mercado a otro.

Una vez que hayas determinado tus seis principales objeciones, tu trabajo es desarrollar respuestas a prueba de balas para cada una de estas objeciones comunes.

La pregunta clave

La pregunta clave para responder a las objeciones es: «¿Por qué nuestros clientes potenciales no compran nuestro producto?». Tu trabajo es identificar la respuesta a esa pregunta y luego contraargumentar con una razón lógica que elimine la objeción en la mente del cliente.

Trata una objeción como una *solicitud* para obtener más información. Por ejemplo, el cliente dice: «Tu precio es demasiado alto».

Tú respondes diciendo: «Esa es una buena *pregunta*. ¿Por qué parece que nuestro precio sea más alto que el de nuestros competidores para este material? Déjame ver si puedo responder a eso por ti».

Felicita la objeción. Anima a que haya más objeciones. Di: «¡Esa es una buena pregunta! Déjame ver si puedo respondértela».

Facilita la objeción

Cada cliente tiene objeciones o preocupaciones clave que debes poner sobre la mesa. Si el cliente tiene una sola objeción al acecho en el fondo de su mente, puede no decir nada, pero tampoco va a comprar. Por esta razón, no importa lo que diga el cliente, y no importa cuántas veces lo hayas oído, debes escuchar la objeción completamente.

Cada vez que el cliente objete o haga un comentario negativo sobre tu producto, debes contrarrestarlo con tus excelentes habilidades de escucha. Recuerda que debes escuchar con atención, sin interrumpir; hacer una pausa antes de responder; preguntar para aclarar; y, por último, parafrasear con tus propias palabras para asegurarte de que entiendes lo que el cliente está diciendo.

Responde a las objeciones

Hay varias respuestas que puedes utilizar para responder a cualquier objeción. Recuerda, *la persona que hace preguntas tiene el control*. Siempre trata de responder a una objeción con una pregunta en lugar de con una respuesta.

Puedes decir: «Obviamente, tienes un buen motivo para decir eso; ¿te importa si pregunto cuál es?». Y luego simplemente permanece en silencio. Muy a menudo el cliente no tiene un buen motivo, y esto se dará a conocer en el silencio después de tu pregunta.

Otra forma de responder a una objeción es preguntar: «¿Qué quieres decir?». O: «¿Qué quieres decir exactamente?». Y luego guardar silencio.

Utiliza siempre las objeciones como una oportunidad para generar confianza escuchando con atención la respuesta de la otra persona. Cuanto más intensamente escuches al cliente, mejor le caerás y confiará en ti y estará abierto a la compra de tu producto o servicio.

Lucha contra la comprensión vaga

La mayoría de las objeciones surgen de una vaga comprensión. El problema que tu producto va a resolver no está claro para el cliente. La necesidad que tu producto va a satisfacer no está clara para el cliente. Los beneficios de tu producto o servicio al cliente, en relación con el precio, no están claros. La exclusiva propuesta de venta de tu producto o servicio no está clara.

Y, por último, el cliente no tiene la urgencia de tomar medidas, o no ve ninguna razón para actuar ahora y no en otro momento. Todos estos son elementos que contribuyen a la «comprensión vaga» que lleva al cliente a decir: «Déjame pensarlo».

Trata con las objeciones al precio

Hay varias maneras probadas para hacer frente a las objeciones a los precios, que se presentan en casi cada venta. Cuando el cliente dice: «Tu precio es demasiado alto», responde preguntando:

a. ¿Por qué dices eso?

b. ¿Por qué lo sientes así?

c. ¿Es el precio tu única preocupación?

d. ¿A qué distancia estamos?

Si el cliente insiste en conocer tu precio antes de que hayas identificado sus necesidades y presentado tus beneficios, retrasa la conversación sobre el precio diciendo: «Sé que el precio es importante para ti; ¿puedo volver a eso en un minuto?».

Recuerda que las objeciones son los peldaños en la escalera hacia el éxito de ventas. Cuantas más objeciones consigas, más interesado estará el cliente en tu producto o servicio. Cuando escuches una objeción, debes estar agradecido y luego empezar a transformar la objeción en motivos para la compra.

EJERCICIOS PRÁCTICOS

1. Identifica las dos o tres objeciones más comunes que recibes de parte de un cliente cualificado para la compra de tu producto o servicio.

2. Identifica las dos o tres mejores respuestas que puedes dar a las objeciones más comunes para poder seguir y cerrar la venta.

DIECISIETE

Pide al cliente que pase a la acción

CUANDO HAYAS llegado a la etapa final de la conversación de ventas, y tengas claro que el cliente quiere tu producto, necesita tu producto, puede utilizar tu producto y puede permitirse tu producto, es el momento de pedirle que pase a la acción.

Cuando el cliente ha indicado que confía y cree en ti, y expresa el deseo de tener o usar tu producto o servicio, puedes completar la transacción mediante una de las siguientes técnicas de cierre.

Haz preguntas de confirmación

Antes de cerrar la venta, hay dos preguntas de confirmación que puedes formular para asegurarte de que el cliente está listo para que hagas la pregunta final. La primera es: «¿Tienes alguna pregunta o duda que no haya respondido?». Si el cliente dice «no», está listo para comprar.

Una segunda pregunta que puedes hacer es: «¿Hasta ahora tiene sentido para ti?». Si el cliente dice «sí», está listo para tomar una decisión de compra.

Cinco preguntas de cierre

Hay cinco técnicas de cierre clave que explican la mayor parte de las ventas de alto nivel de los profesionales con altos ingresos de ventas. Aquí están:

1. *El cierre de preferencia.* Da al cliente a elegir entre una y otra cosa. Simplemente pregunta: «¿Cuál de estos —A o B— prefieres?».

Es mucho más fácil para un cliente elegir entre un conjunto de opciones que darte una simple respuesta de sí o no. Incluso si estás ofreciendo un solo producto, puedes darle la posibilidad de elegir las condiciones de pago, los métodos de entrega o características específicas que ofrece tu producto.

Por ejemplo, puedes preguntar: «¿Te gustaría pagar en efectivo o preferirías una financiación a más de doce meses?».

2. *El cierre de invitación.* Esta es considerada por muchos como la técnica de cierre más poderosa de todos. Al final de la conversación de ventas, cuando es evidente que al cliente le gusta lo que le has mostrado, solo tienes que preguntar: «¿Por qué no le das una oportunidad?».

Incluso si estás vendiendo artículos caros o grandes, puedes cerrar la venta diciendo: «Si te gusta, ¿por qué no darle una oportunidad?».

«¿Te gustaría llevártelo?».

«¿Quieres que nos pongamos con ello ahora mismo?».

«¿Es esto lo que tenías en mente?».

Siempre haz una invitación al final de tu presentación de ventas. Pídele a la persona que tome una decisión de compra.

3. *El cierre directivo.* En este cierre, a menudo llamado «el cierre por suposición», solo tienes que asumir que la persona ha decidido comprar y decirle: «Si no tienes más preguntas, entonces el siguiente paso es...».

Por ejemplo, comienza diciendo: «Sr. Cliente, ¿te gusta lo que te he mostrado hasta ahora?».

El cliente dice: «Sí, tiene buena pinta».

Dices: «Bueno, entonces, el siguiente paso es...»

A continuación, pasa a describir el plan de acción, lo que hace el cliente tras adquirir tu producto y comenzar a usarlo y disfrutar de él: «Bueno, entonces, el siguiente paso es que rellenemos este papeleo, me dejes un depósito de esta cantidad en particular y comenzaremos a preparar tu pedido y enviártelo para el miércoles de la semana que viene. ¿Qué te parece?».

4. *El cierre autorizado.* Has llegado al final de la conversación de ventas. Parece que al cliente le gusta el producto o servicio que le has presentado. Simplemente dices: «Bueno, solo con autorizar esta orden de pedido, empezamos a trabajar de inmediato».

A continuación, toma la orden de pedido, pon una marca junto a la línea de la firma y pásasela al cliente para que la firme.

Dile: «Yo cuidaré de todos los detalles».

Le dices al cliente: «Rellenaré la información según nuestra conversación. Pediré el pago adicional a tu ayudante y te lo enviaremos la semana que viene».

5. *El cierre secundario.* Este es muy simple y muy potente. A menudo se le llama «el punto de cierre de menor importancia», porque cierras la venta en un punto menor en lugar de en un punto importante.

Por ejemplo, puede que estés vendiendo una casa costosa. Haces una pregunta secundaria, cuya aceptación significa que el cliente ha decidido comprar. Por ejemplo, podrías preguntar: «¿Te gustaría ocuparla en la primera o en la segunda quincena del mes?».

Independientemente de la opción que elija, ha decidido comprar la casa. La fecha de entrada es una cuestión secundaria. La elección o decisión de comprar la casa es el principal asunto.

Por cierto, este no es un intento de manipular o engañar a un cliente potencial. Es una manera de reducir el estrés frente a la toma de decisión de una compra grande, dando al cliente algo más pequeño en lo que centrarse.

Si estuvieras vendiendo un automóvil caro, podrías decir: «¿Te gustaría que los neumáticos fuesen de Michelin, o estarías contento con los neumáticos de fábrica?».

Cuando el cliente dice: «Bueno, me gustarían los neumáticos de carreras de Michelin», es que ha decidido comprar el coche.

La palabra más poderosa en las ventas

La palabra más importante en el cierre de una venta es la palabra *preguntar*.

Pide al cliente que tome una decisión de compra. Pregunta al cliente si puedes proceder a la siguiente etapa de la venta. Al menos pregunta: «¿Qué te gustaría hacer ahora?».

La cualidad más importante en el desarrollo del conjunto de habilidades para cerrar ventas es el *valor*. Desarrollas el valor a través de la práctica.

Por lo menos, al final de la conversación de ventas, si no es posible o conveniente para ti cerrar la venta y obtener la orden de pedido, concuerda la siguiente etapa. «¿Qué debemos hacer ahora?». Fija una fecha para una próxima reunión en la que puedas presentar más información y hablar con gente adicional para mantener la conversación de ventas avanzando.

EJERCICIOS PRÁCTICOS

1. ¿De qué debes estar seguro antes de pedir al cliente que tome una decisión de compra?

2. Diseña, practica y perfecciona una pregunta de cierre que puedas utilizar la mayor parte del tiempo en tus situaciones de ventas

DIECIOCHO

Provee un servicio al cliente excelente

PETER DRUCKER escribió que «el propósito de un negocio es crear y mantener a un cliente».

¿Cómo puedes saber si la empresa está cumpliendo con su objetivo de manera satisfactoria? Sencillo. La satisfacción del cliente. La verdadera medida del éxito de la empresa es que tus clientes estén contentos con su decisión de compra, y estén motivados internamente para comprarte de nuevo.

Las mejores personas y las mejores empresas están obsesionadas con el servicio al cliente. El cliente es la persona más importante de su pensamiento. Todo lo que hacen está organizado para satisfacer mejor a sus clientes de alguna manera.

Sam Walton dijo una vez: «Solo tenemos un jefe, y este es el cliente. Y nos puede despedir en cualquier momento por la simple decisión de gastar su dinero en otra parte».

Mantén excelencia en el servicio

Tu capacidad para desarrollar y mantener una reputación de alto nivel de excelencia en el servicio es la clave para el crecimiento y la prosperidad de tu empresa y para el éxito en tu carrera.

El éxito de tu negocio en el futuro irá determinado por tu rango de calidad en el mercado en el presente. De acuerdo con estudios realizados en Harvard, la definición de calidad para el cliente incluye tanto el producto o servicio que vendes como la forma en que lo vendes y entregas.

Pregunta: ¿cuál es el rango de tu calidad? En una escala del uno al diez, ¿en qué puesto estás respecto a tus competidores en términos de la calidad de producto y la calidad de la forma en que lo vendes, entregas y das servicio técnico?

Cuatro niveles de servicio

Hay cuatro niveles de servicio al cliente para cualquier empresa:

1. *Satisfacer a tus clientes.* Un cliente que está satisfecho con el producto o servicio que has vendido y entregado es el requisito mínimo para la supervivencia. Pero si todo lo que haces es satisfacer a tus clientes, tus clientes estarán abiertos a ofertas competitivas, tendrán una lealtad mínima y rara vez te recomendarán a otros.

2. *Superar las expectativas del cliente.* Esto es cuando haces algo más de lo que tu cliente esperaba y más de lo que hacen tus competidores, para diferenciarte de ellos. Tu capacidad para superar las expectativas de los clientes es el requisito mínimo para el crecimiento de tu negocio. Y recuerda, cualquier cosa que hagas para exceder las expectativas del cliente hoy será copiada por tu competidor mañana.

3. *Deleitar a tus clientes.* Esto es cuando comienzas a entrar en el ámbito de las empresas de rápido crecimiento de tu industria. Haces algo que no solo supera las expectativas, sino que en realidad deleita y pone una sonrisa de felicidad en el rostro de tus clientes.

Una cadena de restaurantes de categoría muy exitosa hace que sus camareros pasen por tu mesa después de la comida y te ofrezcan una bebida gratis después de la cena o una copa de vino de Oporto. Esta oferta es a la vez inesperada y generosa. La última impresión que las personas tienen cuando salen de ese restaurante es de excelencia en el servicio al cliente. Y regresan una y otra vez.

A menudo, después de una venta, un alto ejecutivo de la empresa llamará para agradecer al cliente personalmente que haya elegido a la empresa para hacer negocios. Esta es otra forma sencilla de deleitar a tus clientes y alentarles emocionalmente a comprarte una y otra vez.

4. *Sorprender a tus clientes.* Esto es cuando haces algo que está completamente fuera de las expectativas e incluso más allá de deleitar a tus clientes. En realidad les asombras de tal manera que hablan de ti a los demás y te recomiendan a sus amigos.

Hace algunos años, la sucursal de Denver de FedEx, cuya promesa es: «Cuando absoluta y positivamente tienes que tenerlo de un día para otro», experimentó una tormenta de nieve que cerró las principales carreteras que salían de Denver e hizo que fuera imposible para los camiones de FedEx entregar sus cartas y paquetes. Entonces hicieron algo notable.

Iniciativa individual

Debido a que la tormenta de nieve había cerrado los puertos de montaña, el gerente de la filial fletó un helicóptero a un coste de alrededor de ocho mil dólares para que volara sobre los caminos nevados y entregara los paquetes de FedEx a sus clientes en Colorado Springs, aterrizando en el estacionamiento de un importante centro comercial.

Esta fue una demostración tan increíble del compromiso de FedEx con el cumplimiento de su promesa a sus clientes, que la historia fue recogida por todos los periódicos y fue contada en la radio y la televisión nacional. A día de hoy, los clientes de Colorado todavía hablan del «gran gesto» de alquilar un helicóptero para entregar los paquetes durante la noche.

Seguimiento después de la venta

Como vendedor, puedes superar las expectativas y también sorprender y deleitar a tus clientes potenciales haciendo un seguimiento después de la venta.

Hay cuatro claves para un seguimiento efectivo:

1. Una vez que hayas tomado el pedido, procesa el papeleo y haz avanzar las cosas rápidamente.

2. Mantén al cliente informado. Si hay cualquier retraso o problema, comunícate inmediatamente con el cliente para que la persona sepa lo que está pasando. Los clientes son comprensivos y considerados, siempre y cuando les hagas saber. Practica el principio de «sin sorpresas».

3. Envía una tarjeta de agradecimiento, nota o correo electrónico inmediatamente después de la venta. Si se trata de una venta lo suficientemente grande, envía un regalo de algún tipo, aunque solo sean flores, una caja

de bombones o, mi favorito, una cesta de regalos de una empresa local. Este gesto es una forma poderosa de fomentar la replicación de negocios.

4. Asegúrate de que el último contacto que los clientes tienen contigo siempre sea positivo. El último contacto deja la impresión más profunda. Este es el que más recuerdan. Cuando tomes la orden de pedido, dedica tiempo para agradecer a los clientes la compra de tu producto o servicio y asegúrales que van a quedar contentos con su compra y que vas a hacer todo lo posible para garantizar esta satisfacción. Dile a tus clientes que te llamen en cualquier momento si tienen alguna pregunta o inquietud, y dales tu número de teléfono móvil privado. Esta es la clase de impresiones finales que sorprenden y deleitan a tus clientes y les hacen volver y comprarte una y otra vez.

EJERCICIOS PRÁCTICOS

1. Decide una acción que puedas tomar para deleitar a tus clientes durante y después de cada venta futura.

2. Decide una acción que vayas a emprender sistemáticamente para que la experiencia de compra del cliente sea todavía más satisfactoria de lo que es hoy.

DIECINUEVE

Conserva a los clientes de por vida

UNA VENTA DIRECTA a un cliente comercial actual cuesta más de cuatrocientos dólares en gastos de tiempo, viaje, publicidad, generación de contactos y otros gastos. La adquisición de un cliente a este coste puede llevar a una empresa a la quiebra a menos que el cliente compre una y otra vez.

Los mejores vendedores y las mejores compañías implementan estrategias para adquirir clientes y mantenerlos de por vida. Tu objetivo debe ser el desarrollo de relaciones con los clientes a largo plazo y luego aferrarte a ellos para hacer frente a una competencia cada vez más agresiva.

Cuando pones en marcha una estrategia de captación y retención de clientes, haces más de lo que has hecho nunca antes por construir y mantener relaciones con los clientes a largo plazo. Al pensar continuamente en términos de «clientes de por vida», tu éxito en las ventas estará asegurado.

Céntrate en la segunda venta

La primera venta con cualquier cliente es siempre la más difícil y la más cara. Puedes hacer la primera venta con descuentos, engaños u ofertas de bonificación. Pero es la segunda venta la que es más importante. La segunda venta es la prueba de que has cumplido las promesas que hiciste durante la primera venta.

En realidad, sales cada día y vendes tus promesas a la gente a cambio de su dinero. Prometes que tu producto o servicio les dará ciertos beneficios de los que no están actualmente disfrutando. Cuando regresan y te compran otra vez, están poniendo su sello de aprobación en tus ofertas y confirmando que cumpliste con tus promesas.

Las reventas y las referencias son casi gratis

Las reventas a clientes satisfechos son diez veces más fáciles que las nuevas ventas a nuevos clientes. La reventa solo requiere una décima parte del tiempo y esfuerzo para ser exitosa. Aquí está el porqué las empresas más exitosas miden su éxito por la frecuencia con que sus clientes compran de nuevo.

Venderle a un cliente referido por un cliente satisfecho es quince veces más fácil que hacerlo a puerta fría. Venderle a un cliente referido requiere tan solo una quinceava parte del tiempo, coste y esfuerzo para lograrlo. De hecho, si tienes un buen cliente referido, la venta está hecha en un noventa por ciento antes de entrar por la puerta.

Crea una cadena de oro

Una vez que hayas hecho la venta y el cliente quede contento, desarrolla una «cadena de oro de referencias», pidiendo a todos que te remitan a otros clientes potenciales interesados. Pide con confianza. Pide expectante. Pide con cortesía. Pero siempre pide a los clientes y no clientes si pueden referirte a otras personas.

Al pedir a la gente referencias, asegúrales que no vas a presionar en absoluto a la persona cuyo nombre están proporcionando. Las personas son reticentes a compartir referencias hasta que están convencidas de que el amigo o socio referido no se enfadará o entristecerá con ellas por darte tu nombre.

Genera publicidad de boca a boca

El método más poderoso para generar clientes referidos en el mercado competitivo de hoy es mediante la activación del *boca a boca* por parte de tus clientes satisfechos. Tu objetivo es hacer a tus clientes parte de tu equipo de ventas haciendo que vendan por ti cuando hablan con otros clientes potenciales. La forma de motivar a tus clientes para que vendan por ti es dándoles un servicio al cliente excepcional.

El elemento más importante de un servicio al cliente excepcional es siempre la velocidad. Responder rápidamente a las preguntas, inquietudes y consultas es una medida clave de la cantidad de clientes referidos que es probable que obtengas. La acción rápida ante las quejas es vital. El seguimiento regular y la atención continua al cliente son herramientas esenciales para obtener referencias.

Practica *la regla de oro de las ventas*: atiende a tus clientes de la manera en que te gustaría que tus proveedores te atendieran si tú fueses un cliente. Sirve a tus clientes de la manera en que servirías a tu cónyuge, tu madre o amigo más cercano. Haz un esfuerzo adicional. Siempre haz más de lo que se espera de ti.

La pregunta definitiva

Fred Reichheld de Bain & Company estudió los elementos del servicio al cliente excelente durante muchos años antes de llegar finalmente a la conclusión de que había una sola pregunta que era más indicativa de la satisfacción del cliente y de las referencias comerciales que cualquier otra cuestión.

La llamó la pregunta definitiva: «En base a tu experiencia con nosotros, ¿nos recomendarías a otros?».

La disposición de un cliente a recomendarte a otros es el más alto nivel de satisfacción del cliente. Muy a menudo, si creas una buena relación con los no clientes, les caerás tan bien y confiarán tanto en ti que te recomendarían a otros incluso si ellos mismos no compraran.

Pregunta siempre

Al final de la conversación de ventas, puedes hacer esta pregunta: «En una escala del uno al diez, ¿nos recomendarías a otros?».

Por supuesto, tu objetivo es conseguir un diez. Esto significa que este cliente se convertirá en un «cliente incondicional». Se convertirá en un defensor del cliente. Les dirá a todos sus amigos que te compren también.

Pero ¿qué ocurre si recibes una calificación de menos de diez, por ejemplo un siete o un ocho? Dices «Gracias por tu respuesta», y a continuación pregunta de inmediato: «¿Qué tendríamos que hacer para sacar un diez la próxima vez?».

Sigue preguntando a tus clientes: «¿Cómo lo estamos haciendo?», y «¿Cómo podríamos mejorar la próxima vez?». Los vendedores mejor pagados y con más éxito son aquellos que crean una cartera de negocios: un grupo de clientes satisfechos que les compran una y otra vez, proporcionan ventas más rápidas y fáciles, son menos delicados con los precios y constituyen la base para el crecimiento de cualquier negocio. Este es tu objetivo también.

Tu estrategia de servicio al cliente

Desarrolla una estrategia de ventas y servicio al cliente que te permita obtener y mantener a los clientes de por vida.

Este enfoque de servicio al cliente no sucede por accidente. Requiere una cuidadosa planificación, discusión y capacitación de todo aquel que trata con tus clientes. Todos los vendedores y comercios exitosos son conocidos por lo bien que tratan a sus clientes. Esta debe ser tu meta siempre.

EJERCICIOS PRÁCTICOS

1. ¿Qué acción puedes emprender con cada cliente y cliente potencial que haga que quieran derivarte a otros clientes?

2. Escoge una acción o comportamiento por parte de cualquier persona de tu empresa que podría reducir la satisfacción del cliente y las referencias comerciales. ¿Cómo puedes eliminarla, y a qué velocidad?

VEINTE

Administra tu tiempo con eficiencia

SE HA INVERTIDO más de un siglo de investigación y millones de dólares en la búsqueda de las causas de éxito y del fracaso en las ventas. Al fin, tenemos las respuestas. Son simplemente estas: la gente está muy bien pagada porque pasa más tiempo haciendo cosas de mayor valor. La gente está mal pagada porque pasa más tiempo haciendo cosas de valor inferior.

Los vendedores que pasan cada minuto de cada día centrados en actividades de alto rendimiento llegan con el tiempo a la cima de sus campos y obtienen tanto una gran cantidad de ventas como una gran cantidad de dinero.

Los vendedores que desperdician su tiempo en actividades de bajo valor rara vez logran algo de importancia, aun representando a las mejores empresas con los mejores productos en los mejores mercados.

Practica el principio de Pareto

El principio de Pareto es el concepto de gestión del tiempo más importante en el campo de la venta profesional.

Este principio dice que el ochenta por ciento del valor de lo que haces viene determinado por el veinte por ciento de tus actividades. Esta regla del 80/20 se aplica a todos los aspectos de la venta y a todas las actividades. Aplica esta regla a tus clientes potenciales, tus clientes fijos y tus productos.

Divide a tus clientes actuales y potenciales según su valor, con la letra A para los clientes o clientes potenciales de alto valor que pueden representar el ochenta por ciento de tus ventas. La lista B es de los clientes y clientes potenciales de valor medio, y la lista C será para los clientes y clientes potenciales de valor bajo.

Practica la «procrastinación creativa» con el ochenta por ciento de las tareas que solo representan el veinte por ciento del valor de lo que haces. La procrastinación creativa es lo que utilizas cuando consciente y deliberadamente decides *no* hacer ciertas cosas que son de perfil bajo para centrar tu atención en las actividades de alto rendimiento.

Tu descripción del trabajo

La descripción del trabajo de un vendedor es igual al propósito de un negocio. Tu trabajo consiste en *crear y mantener a los clientes.*

Pasa el ochenta por ciento de tu tiempo creando clientes y solo el veinte por ciento de tu tiempo manteniéndolos. Pregunta siempre: «¿Dónde está mi próxima venta?». Sea cual sea tu respuesta a esa pregunta, asegúrate de que sea aquello en lo que estás trabajando prácticamente cada minuto de cada día.

Por lo tanto, pasa el ochenta por ciento de tu tiempo captando clientes y presentando. Pasa solo el veinte por ciento de tu tiempo en el seguimiento y el cierre. No los mezcles. Mantén tu enfoque en la captación de clientes y la presentación.

Mejora en todo lo que hagas

Una de las maneras más eficaces de aumentar tus ingresos constantemente es mejorar en las cosas más importantes que haces: la prospección, la presentación, el seguimiento y el cierre. Toda inversión en la mejora de ti mismo, ya sea con libros, cintas de audio, vídeos o seminarios, te da una recompensa diez, veinte y hasta cincuenta veces la cantidad que cuesta aprender las nuevas ideas en primer lugar. Muchos vendedores han pasado de la parte inferior a la parte superior, de la pobreza a la riqueza, como resultado de un único seminario de ventas o incluso una idea para la venta que era ideal para ellos, su producto, su mercado y sus clientes en ese preciso momento.

El principio de los minutos

Para duplicar tus ventas, aplica el «principio de los minutos» en tus actividades de ventas. Esta regla dice que estás haciendo todas las ventas de hoy con la cantidad de minutos que estás empleando en el cara a cara con los clientes actuales y potenciales.

Al aumentar el número de minutos que inviertes en el cara a cara con los clientes, por la ley de los promedios aumentarás tus ventas e ingresos en ese porcentaje.

He aquí cómo utilizar este principio: consigue un cronómetro para medir tu nivel actual de las actividades de ventas. Cada vez que vayas a ver a un cliente, haz clic y, al salir, haz clic para pausar. El cronómetro acumulará el número de minutos que pasas con los clientes cada día. Escribe ese número para tenerlo presente.

Mejora tu puntuación

Decide aumentar el número de minutos que pasas cara a cara con los clientes alrededor de un diez por ciento semanal. Si ahora estás empleando noventa minutos al día, tu promedio, y lo aumentas un diez por ciento, pasarás nueve minutos más por semana con los clientes. Verás inmediatamente un aumento en tus ventas e ingresos.

Sigue mejorando un diez por ciento cada semana hasta que estés invirtiendo el doble de tiempo —180 minutos de media— en las interacciones cara a cara con los clientes. Casi sin excepción, al duplicar tus minutos de tiempo en el cara a cara, duplicarás tus ingresos, y a veces mucho más rápidamente de lo que te imaginas.

Trabaja todo el tiempo que trabajes

Desde el momento de empezar a primera hora de la mañana hasta el momento en que terminas, al final del día, decídete a trabajar todo el tiempo que trabajes. No pierdas el tiempo. No juegues con tu correo electrónico ni charles con tus compañeros de trabajo. No te dejes distraer por interrupciones electrónicas tales como llamadas telefónicas, mensajes y correos de voz. Trabaja todo el tiempo que tu bajes. Esta decisión te convertirá en uno de los vendedores más exitosos en tu campo en un breve período de tiempo.

EJERCICIOS PRÁCTICOS

1. Selecciona una actividad de gestión del tiempo que pueda ayudarte a aumentar tu productividad, y comienza a

practicarla todos los días durante el mes próximo hasta que se convierta en hábito.

2. Selecciona una actividad que te haga perder el tiempo, y decide eliminarla durante un mes, hasta que esa eliminación se convierta en hábito también.

VEINTIUNO

¡No hay límites!

TIENES LAS HABILIDADES y la capacidad en este momento para vender y ganar *dos veces* más que lo que ganas hoy, y tal vez mucho, mucho más. Se ha dicho que «es tu actitud, más que tu aptitud, lo que determina tu altitud».

Si quieres estar en buena forma física, te implicas con el ejercicio físico cada día. Si quieres estar en forma mentalmente, te implicas en ciertos ejercicios mentales diarios. Hay siete cosas que puedes hacer para motivarte y mantenerte funcionando a tu mejor nivel durante todo el día. Aquí están.

Sé el mejor

Toma la decisión de ser excelente en el campo de las ventas. Proponte pagar cualquier precio, cualquier sacrificio, invertir cualquier cantidad de tiempo necesario, durante el tiempo que sea necesario, para entrar en el diez o el veinte por ciento de los que más ganan en tu campo.

La principal razón por la que la gente no llega al diez por ciento superior en las ventas es porque nunca toman la decisión de hacerlo. Piensan en ello y sueñan y desearían estar allí ganando un montón de dinero, pero nunca toman la decisión a vida o muerte de pagar el precio que sea necesario para sobresalir en el campo de las ventas.

La buena noticia es que todas las habilidades de ventas se pueden aprender. Puedes aprender cualquier habilidad que necesites aprender para lograr cualquier meta de ventas que te establezcas para ti mismo. No hay límites.

Aprende la habilidad clave

Identifica tu habilidad limitante para tener un mayor éxito en las ventas. Imagina que pudieras agitar una varita mágica y, durante la noche, ser absolutamente excelente en cualquier habilidad del campo de las ventas. ¿Qué habilidad, si fueras absolutamente excelente en ella, te ayudaría más a aumentar tus ventas e ingresos?

El hecho es que podrías estar tan solo a una habilidad de duplicar tus ingresos y convertirte en una de las personas mejor pagadas de tu industria. Y cuando contestes esta pregunta, probablemente sabrás cuál podría ser esa habilidad.

Rodéate de ganadores

Asóciate con gente positiva la mayor parte del tiempo. Tu elección de las personas con las que te asocias en el trabajo, después del trabajo y durante las noches y fines de semana tendrá un enorme impacto en tu impacto, tu personalidad y tu nivel de logro.

Preserva tu salud y energía

Cuida con excelencia tu salud física. La gente vive más tiempo y mejor hoy que en cualquier otro momento de la

NO HAY LÍMITES! **113**

historia humana. Y la mayor parte de lo que haces con tu salud está enteramente bajo tu control.

Mejora tus imágenes mentales

Practica la visualización positiva: mírate a ti mismo como el mejor de tu campo. Recuerda que la persona que ves en el interior es la persona que finalmente serás en el exterior. Toda mejora en tus resultados en el exterior comienza con una mejora en tus imágenes mentales interiores. Cuando te visualizas seguro, positivo y absolutamente excelente en tu campo, tus pensamientos, palabras, sentimientos y acciones expresarán esa imagen mental en todo lo que hagas.

Háblate a ti mismo positivamente

Habla contigo mismo de manera positiva. Controla tu diálogo interior. El noventa y cinco por ciento de tus emociones vienen determinadas por la forma de hablarte a ti mismo a medida que avanza el día. La gente feliz y positiva se habla a sí misma de una manera positiva y constructiva.

Actúa continuamente

Oriéntate intensamente hacia la acción en todo lo que hagas. Como dijo Einstein: «Nada sucede hasta que algo no se mueve».

Bueno, en ventas, no pasa nada hasta que tú no te muevas también. Comienza temprano. Trabaja duro. Quédate más tiempo.

Ponte en marcha. Mantente ocupado. Muévete rápido. Aumenta tu velocidad y tasa de actividad.

Recuerda, cuanto más rápido te muevas, a más gente verás. Cuanta más gente veas, más ventas harás. Cuantas más ventas hagas, más ingresos tendrás. Cuanto más ingresos tengas, más motivado estarás para ver a más gente, hacer más ventas y obtener un ingreso aún mayor.

Cuando comiences a practicar estas ideas, hora tras hora, día tras día, sin parar, sin descanso, tus ventas subirán como la espuma. Dentro de unos meses o incluso unas pocas semanas, te convertirás en una de las personas más exitosas y mejor pagadas en tu campo. Y espero que lo hagas.

¡No hay límites!

EJERCICIOS PRÁCTICOS

1. Decide participar hoy en una actividad continua que te haga excelente en tu ámbito de ventas escogido.

2. Practica una actividad, como la visualización, la afirmación o la acción continua, que te ayudará a mantener una actitud positiva y a estar motivado durante todo el día de ventas.

ÍNDICE

ACERCA DEL AUTOR

BRIAN TRACY es orador, preparador, líder de seminario, consultor y presidente de Brian Tracy International, una compañía de formación y consultoría situada en Solana Beach, California.

Brian impulsó su camino hacia el éxito. En 1981, en charlas y seminarios por todo Estados Unidos, comenzó a enseñar los principios que había forjado en ventas y negocios. Hoy sus libros y sus programas de video y audio —más de 500— están disponibles en 38 lenguas y son usados en 55 países.

Es el autor superventas de más de cincuenta libros, incluyendo *Máxima eficacia* y *El poder de confiar en ti mismo*.